アメリカ大統領を操る黒幕

トランプ失脚の条件

馬渕睦夫
Mutsuo Mabuchi

小学館新書

アメリカ大統領を操る黒幕　トランプ失脚の条件

目次

画」に顕れた海軍力増強／日本が迫られる「対米支出増」か「防衛力強化」の選択／沖縄の甘え／アメリカTPP離脱という朗報／狙われていた日本国民の預金と皆保険／TPPで成長などあり得ない／北方領土返還と日米安保体制／プーチンが期待する日本の支援／核の傘はロシアももっている／ロシアとソ連を一緒くたに考えてはいけない／ロシアと組むことで中国を封じ込められる／「新ウエストファリア体制」の構築に向けて

編集協力／松浦貴迪

序章

大統領就任演説から読み解く激変の世界

「今この瞬間から、アメリカ第一主義が始まります」

2017年1月20日、首都ワシントンのアメリカ合衆国議事堂前で開かれた大統領就任式の就任演説で、ドナルド・トランプ新大統領はそう宣言しました。

これは選挙期間中からトランプが訴え続けてきた〝アメリカ・ファースト〟を実現するという意志を改めて示したもので、この「アメリカ第一」という言葉は内外メディアの記事の見出しに踊りました。

もちろん、これがトランプ政策の核心であるのは事実ですが、トランプの就任演説には、私がそれ以上に感銘《かんめい》を受けた言葉があります。

「世界の国々と友好的で善意に基づく関係を築きますが、すべての国には自国の利益を最優先する権利があります。私たちは自分たちのやり方を他の誰かに押し付けたりはしませんが、輝く模範として見習われる存在になります」

情けないことに、産経新聞を除いて、この部分に注目して論評したメディアはほぼ皆無でした。2017年1月22日付の産経新聞の社説で、編集局長の乾正人氏は「『日本第一』

主義でいこう』と題し、〈『米国第一』主義には『日本第一』主義で対抗するしかない〉と述べていますが、まさにその通りです。

トランプ大統領は、アメリカだけでなく、すべての国が〝自国ファースト〟でいい、つまり、国民の幸せを第一に考え、自国の国益を最優先し、自国の安全は自国で守れるようになるべきで、自立した国同士で友好関係を結べばいいと述べたのです。

これまでアメリカは、「自由と民主主義」という価値観を錦の御旗に、世界中の紛争に介入し、国家を崩壊させたり、政権を転覆させたりしてきました。貿易や経済においては、世界中の国々にグローバル・スタンダードならぬ、アメリカ・スタンダードを押し付け、市場開放を迫ってきました。しかし、もうそんなことはやめる、他国の内政には干渉しない、すべての国が自立して、自分たちのことは自分たちで決めるべきだと、アメリカの新大統領が宣言したのです。こんなことを言った大統領は初めてです。

これは〝革命〟と呼んでもいいでしょう。トランプは革命を起こそうとしているのです。

中世ヨーロッパにおいて、三十年戦争の果てに、宗教戦争をやめ、国家主権と相互不可侵が確立された「ウェストファリア体制」構築を彷彿させる歴史的な事件と言えます。すべての国が自立し、お互いに干渉しない世界を是としたのです。

しかし、アメリカのメディアは、選挙期間中、ヒラリー・クリントンに肩入れした偏向報道を繰り広げて大敗北を喫したにもかかわらず、相変わらず反トランプの報道を続けています。トランプの就任演説を「つまらない」「史上もっとも短かった」「中身がない」とこき下ろすばかりで、演説の核心部分を伝えようとしないのです。

いくつかの報道では、トランプは「イスラム過激派を掃討《そうとう》する」と述べたと伝えられていますが、実際には「イスラム過激主義のテロは、この地上から完全に消し去ります」と、テロを掃討すると言っているだけです。まるで、トランプがイスラム教を否定したかのような印象操作を相変わらず続けています。

就任式の当日、黒ずくめのアナーキストの集団がワシントンの町で暴動を起こし、トランプ支持派が演説会場に入るのを妨害しました。こうした行為は民主主義に対する挑戦と言えますが、メディアは「反トランプデモが起きた」と伝えるのみで、明確に非難しませんでした。ここにも彼らの姿勢が現れています。

トランプは、演説の冒頭で、「ワシントンの小さなグループが政府の恩恵にあずかる一方で、アメリカ国民がその代償を払ってきました」と述べています。アメリカを支配するエスタブリッシュメント層がグローバリズムの果実を独占し、一般の国民はどんどん貧しくなり、戦地に駆り出された若者が命を落としてきたことを批判しています。そのエスタブリッシュメント層の代弁者、代理人として、国民をコントロールしてきたのがメディアでした。

今回の大統領選では、そのシステムが瓦解しました。選挙戦の最大の敗者となったのはヒラリーではなく、実はメディアだったのです。しかし、その反省がまったく見られず、トランプとメディアの間で、「革命」と「反革命」の全面戦争が起きようとしています。

日本のメディアも、米メディアに同調してトランプを茶化すばかりで、劣化が極まった感があります。先に挙げた産経の記事にしても軽いコラムに過ぎず、「日本ファーストとは何か」を正面から堂々と論じたメディアはありません。日本の識者で、「この演説からはトランプの世界観が見られない」とコメントしている人がいましたが、いったい演説の何を聞いているのかと呆れてしまいました。トランプが突きつけた「自国ファースト」を、日本人は真摯に捉え、かつ、喜んで受け入れるべきです。

トランプの就任演説で、私がもう1つ注目したのは、「貿易、税、移民、外交問題に関するすべての決断は、アメリカの労働者とその家族の利益を優先して下されます」と述べ、アメリカは国益を侵害されていると訴えたことです。移民に雇用を奪われたり、自由貿易で中国に富を奪われたり、海外の紛争に介入することで若い命が奪われたりしないようにすると言っているのです。

これは反グローバリズムであり、明確に国際主義を否定するものです。

これまでメディアでは、グローバリズムは正義であり、理性であり、ナショナリズムは感情であり、愚かであり、排除すべきものという主張が延々と繰り返されてきました。しかし、一般的なアメリカ国民の生活は貧しくなるばかりでした。治安も悪化の一途を辿り、さらにはアメリカとは無関係な国の紛争に米軍が介入することによって税金が浪費されている現実を見て、とうとうその嘘に気づき、トランプに投票しました。

おそらく2016年は、後世になって「グローバリズムVSナショナリズム」の戦いで、初めてナショナリズムが勝利し、歴史的な転換点となった年と記録されるでしょう。

トランプは、就任式の3日後にはTPP（環太平洋経済連携協定）から離脱する大統領令に署名し、NAFTA《ナフタ》（北米自由貿易協定）も再交渉すると宣言しています。高い輸入関税と安い法人税で海外から国内に工場を戻し、雇用を創出するとしています。

安全保障のあり方も変わります。集団的安全保障ではなく同盟が重視され、アメリカはEUを離脱したイギリスと特別な関係を築くでしょう。今後、北大西洋条約機構（NATO）の役割は低下していくはずです。外交用語で言えば、「マルチ（国際機関を通じた協力）」ではなく、「バイ（2国間協力）」でいく、ということです。

アメリカが軍事的に弱体化するわけではありません。むしろ海軍の増強で、海洋国家としての覇権を取り戻し、膨張主義の中国に対峙することになります。習近平も「米中のG2で太平洋を二分して統治する」などという世迷い言を言えなくなります。

ここまで大胆な大改革をしようとすれば、反革命派、すなわち、旧来のエスタブリッシュメント層からの反発は想像を絶するものとなるでしょう。アメリカ大統領史ほど暗殺で血塗られた歴史は他になく、トランプが政治的に、あるいは生物的に抹殺される可能性は十分にあります。彼が革命を遂行するには、どこかでエスタブリッシュメント層に譲歩する必要があります。しかし、譲歩しすぎれば、世界は何も変わりません。どこまで譲歩するかが鍵になるでしょう。

トランプは就任演説で、すべての国に対し、精神面、安全面、経済面で「自立せよ」と訴えました。それをちゃんと伝えようとするメディアがないので、私が読者の皆さんにお伝えしようと思います。世界は新たなステージに移行しつつあります。そのなかで、日本という国が生き残っていくには、トランプが発したメッセージをどのように生かすかにかかっています。

本書では、「トランプが起こそうとしている革命とは何か」、「トランプは反革命勢力の攻撃から生き延びることができるか」、「トランプが突きつけた自国ファーストを日本はどう捉えるべきか」について論じていきます。

第1章

米国の今後と反トランプが未だ続く理由

ムニューチン財務長官もウォール街出身

トランプ大統領は選挙期間中から物議をかもす発言を続けてきました。従来の固定観念にとらわれていると、かなり突飛に見える政策も数多く掲げています。トランプ新政権の政策を占う上である程度参考になるので主要な政策発言をざっと挙げてみると、以下のようになります。

安全保障の問題については、

「中国の冒険主義を挫《くじ》くため、海軍の軍艦を350隻(現在は276隻)に増強する」

「海外の米軍基地は撤退させる。それが嫌なら在外米軍の駐留費を負担せよ」

「アメリカは日本を守る義務があるのに、日本にはアメリカを守る義務がない。この不公平を是正する」

と、海外での米軍の活動を縮小する一方で、海軍を増強して海洋国家として復権を果たし、中国の覇権主義を封じ込めるとしています。

移民・難民の受け入れについては、

「メキシコとの国境に万里の長城をつくり、不法移民を入れさせない」

「国内の不法移民は追い出す」

「シリア難民は受け入れない」

と、移民や難民が国内に犯罪を持ち込み、アメリカ人の雇用を奪うとして、反移民・反難民の姿勢を明確にしています。アメリカはこれまで〝移民国家〟と呼ばれてきましたが、いわば建国の精神を完全に否定しようとしているかにみえます。

経済や貿易の政策については、

「TPPには署名しない。NAFTAも、メキシコ、カナダと再交渉する」

「中国の人民元安をやめさせる。中国からの輸入品には関税を最大45%にまで引き上げる」

「法人税の最高税率を現行の35%から15%に引き下げ、海外に移転した企業をアメリカに呼び戻す」

「低所得層の税金を免除する」

など、自由貿易を否定し、保護主義に回帰することで、極限まで広がった経済格差を縮小し、アメリカ人の雇用と所得を回復させようとしています。

通常の政治家であればオブラートに包んで話すようなテーマが、トランプにかかると、むしろ過激な表現で語られ、世論が大騒ぎになり、その実、本質を突いているがゆえに、支持者が増え、選挙に勝利できたと言えます。

しかし、いざ大統領になって、トランプはこうした政策をどこまで本気で遂行するつもりなのでしょうか。

トランプの本気度をはかるには、トランプ政権の人事を見定める必要があります。

あとで詳述しますが、トランプの掲げる政策は、「グローバリズム（国際主義）こそ正義」とされてきたアメリカで、反グローバリズムを公然と掲げ、とりわけ第2次世界大戦後、アメリカという国を陰から支配してきたエスタブリッシュメント（支配階級）層に反旗を翻すものです。エスタブリッシュメント層とは、具体的に言えば、ウォールストリート（世界金融の中心の1つ）に巣くう国際金融資本や、外交・軍事に隠然たる影響力をもつネオコン（ネオコンサバティズム：新保守主義）と呼ばれる勢力などです。彼らは軍産複合体とも呼ばれることもありますが、一体化していると言ってもいいでしょう。

それゆえにトランプに対しては、これまでさまざまな妨害工作が仕掛けられてきました。

選挙結果が判明したあとに起きた反トランプデモもその1つです。そもそも、選挙運動中のメディアの偏向報道は尋常ではありませんでした。

トランプに対しては、これからもメディアの追及を始めさまざまな圧力が加えられるでしょう。この反トランプの基調は、この1月20日の大統領就任式後も途絶えることなく続けられていきます。その裏でエスタブリッシュメントとの取引が続くことになります。トランプがあくまでもエスタブリッシュメントの核心的条件を呑まない場合は、暗殺の危機にさらされるリスクさえあります。このような不吉な事を想定したくはありませんが、最終的なカギはペンス副大統領にあるといえます。つまり、ペンスがエスタブリッシュメントの条件に従うかどうかです。私は、ペンス副大統領に最後まで誘惑に負けないで欲しいと願っています。

そんななかで、彼はどこまで本気でこれらの政策に取り組むのでしょうか。

それを見極めるには、トランプが財務長官、国防長官、国務長官にどんな人物を選んだかに注目する必要があります。こうした閣僚を、旧来のエスタブリッシュメント層の意志を代弁する人物が占めているのなら、トランプが圧力に負けて軍門に降ったことを意味し、政策は骨抜きにされていくということです。

まず財務長官ですが、ゴールドマン・サックス幹部のスティーブン・ムニューチンが就任しました。

国際金融の世界の人物が長官になったからといって、トランプが圧力に屈したと断じることはできません。アメリカの歴代財務長官はみなウォールストリートの住人であり、この線ははずせないのです。もしウォールストリートと無関係な人物をもってきたら、それこそ命の危機さえ及びかねません。

ムニューチンはもともとヒラリーを支持していましたが、トランプとは15年来の知り合いで、政策を聞いて納得し、勝利も確信したとしてトランプ陣営の金庫番を務めていました。トランプが信頼している人物と言っていいでしょう。

ゴールドマン・サックスの幹部といっても、中堅幹部であって、CEOなど本当のトップになった人ではありません。ウォールストリートの伝統的なグローバリストをもってこなかったというだけで、半歩以上前進だと見ています。

現場を知る〝狂犬〟マティス国防長官は戦争に慎重

国防長官に就任したのが、〝狂犬〟というあだ名をもつ退役海兵隊大将のジェームズ・マティス将軍です。職業軍人が国防長官に選ばれるのは65年ぶりで、当時、トルーマン大統領は、職業軍人が国防長官になることを禁じた法律を改正までして、ジョージ・マーシャル退役陸軍元帥を国防長官に据えています。

トランプ陣営の政策アドバイザーには軍人が多数いて、トランプは「私を支持している退役将軍は90人いる」と豪語してきました。マティスもその1人であり、安全保障問題担当の補佐官に就任したマイケル・フリン元国防情報局長もそうです。

マティスはトランプ支持の公開状において、米軍の組織改革を強く訴えていた人物です。元軍人は規則によって退役してから7年経過しないと国防長官にはなれません。マティスの場合、退役してからまだ3年しか経っていないので、国防長官に就任するには議会の承認が必要になります。これはアメリカの文民統制のしくみです。

このような障害があるのにマティスを選んだということは、トランプはマティスの提唱する米軍の組織改革を全面的に支持していると見ていいでしょう。

元軍人が国防長官になるということは、制服組の復権を意味します。今までは背広組が国防長官になるのが普通で、背広組（ネオコン）の国防総省支配もみられました。典型的なのはブッシュ・ジュニアのときで、ラムズフェルト国防長官やウォルフォウィッツ国防副長官などのネオコンが国防総省を握っていたわけです。彼らがアフガニスタン、イラクと次々に戦争を起こし、世界の紛争に介入し、米軍の若い兵士たちが多数犠牲になっていったのです。

世間では、「軍人は戦争をやりたくて仕方がない」というように誤解されていますが、実際に戦争を起こすのは、たいてい文民である背広組や政治家などです。

制服組の軍人は、彼我の戦力分析をして勝てるかどうかを冷静に判断しますし、仮に勝てるとしても、自分たちの部下がどれだけ犠牲になるかも把握できるので、開戦には非常に慎重な判断をするものです。彼らはアメリカの国益を第一に考えるのです。

一般的にいえば文民のほうが兵士の命を軽く見ているので、簡単に戦争を始める傾向があります。現に、湾岸戦争のチェイニーやイラク戦争を仕掛けたラムズフェルトなど、これまで歴代のネオコンの国防長官は、戦争を起こし、海外の紛争に米軍を送り込んできました。

トランプが掲げている「海軍の増強」や「海外基地の撤退、あるいは応分の負担を求める」といった政策は、軍人から出てきたものと考えられます。マティスであればやりきれるとトランプは判断したのでしょう。軍人国防長官は、軍隊の充実には熱心ですが、戦争には慎重であることでしょう。なお、マティス国防長官はトランプの大統領就任日に上院の承認を得た2人の閣僚の1人でした。他の閣僚の指名承認が遅れている中で、マティス国防長官が早くも承認されたことは、トランプの国防政策はエスタブリッシュメントとも概ね合致していると窺うことができます。

トランプが自らの政策を実行していくうえで、ネオコンの国防長官ではかなり都合が悪く、もしそうなっていれば、トランプは背後からの圧力に屈し、完全に妥協したと判断するところでしたが、それは回避されました。

ロシア重視を象徴するティラーソン国務長官

国務長官についても、本来はナショナリストがなるのが理想ではありますが、ここは妥協する可能性はあると見ていました。

アメリカを支配するエスタブリッシュメント層の意志を何もかもはね除《の》けていたら、政権運営に支障を来《きた》しかねないからです。

国務長官に就任したのが、米エクソン・モービルの前ＣＥＯ、レックス・ティラーソンです。エクソン・モービルの時価総額は世界でも５位以内に入り、石油メジャーのなかでもトップの企業で、そのＣＥＯを務めていた人物ですから、エスタブリッシュメントの１人と考えて間違いありません。

しかし、ティラーソンという人の経歴を見ていくと、非常に面白いことがわかります。

エクソン・モービルという会社は、エリツィンからプーチン時代にロシアを食い物にしようとした会社です。

２００３年に、ロシアの新興財閥（オリガルヒ）で石油最大企業のユコスを率いていた社長のミハイル・ホドルコフスキーが脱税などの罪で逮捕され、有罪でシベリアの刑務所に送られました（現在は保釈されスイスに亡命中）。当時のプーチン大統領は新興財閥の政治への干渉を禁止し、強権を発動して摘発していましたが、ホドルコフスキーがプーチンの逆鱗《げきりん》に触れたのは、ユコスと石油企業のシブネフチを合併させ、誕生した新会社の株の40％をエクソン・モービルなどに売り飛ばそうとしたからです。

調べてみたところ、2003年の頃にティラーソンはまだCEOではなく、彼はこの一件には関与していない、あるいは、関与していたとしても責任ある立場ではなかったと考えられます。ティラーソンがCEOになるのは2006年で、これは私の想像に過ぎませんが、会社としての失敗を取り返すために、プーチンに接近したと考えられます。ロシアの石油資源を我が物にするという姿勢ではなく、共存の道を探るということではないでしょうか。実際、プーチンとの間では良好な関係を築いています。事実、2013年にはロシア政府から友好勲章を授与されているほどです。

エスタブリッシュメントの1人ではあるものの、こういう人物を国務長官に据えたということは、トランプはロシア重視の姿勢を明確にしたと言えます。ソ連崩壊後、米が露を見下してきた米露関係の歴史から見ても非常に象徴的で、米露関係を改善するという意志がはっきりと見てとれます。

ティラーソンの国務長官就任に関しては、民主党だけでなく、マルコ・ルビオ上院議員やジョン・マケイン上院議員など共和党の重鎮からも批判の声が上がっていました。しかし、マケインは、東欧カラー革命（2003～2005年）のときにグルジアやキルギスで裏から工作していた疑いがもたれていて、ネオコンの意志を受けて動く人物であると考えられます。

こうした人物が批判しているということは、逆にティラーソンには期待できるということです。米露関係は新たな時代に入ると私は見ています。

政権人事を眺めていくと、トランプが本気であることが伝わってきます。

トランプは「アメリカを再び偉大な国にする」と宣言しています。

彼の言うところの「偉大な国」とは、1つは海洋国家としてのアメリカを復権させるということです。海軍力を増強し、世界の海の覇権をより強固にし、中国の挑戦を撥《は》ねつけるのです。

もう1つは、「豊かなアメリカ」を取り戻すということです。グローバリズムの果実を得たのはほんのひと握りの富裕層だけで、工場の海外移転や移民の流入などによって、一般のアメリカ人はどんどん貧しくなり、貧富の格差が拡大してきました。トランプは時間のネジを巻き戻すように、かつて豊かだった頃のアメリカを取り戻そうとしています。

国際金融投機というギャンブルに依存しきった経済が健全であるはずがありません。実直にものづくりをする経済へ転換しようとしています。

おそらくトランプは、自身が子供だった頃のアメリカを夢想しているのではないでしょうか。安倍晋三首相が「日本を取り戻す」と宣言したのとどこか似ています。

アメリカにもナショナリスト（愛国主義者）のリーダーが誕生したのです。

ラストベルトの労働者こそ最大の被害者

大統領選の期間中、ＡＢＣやＣＮＮなどの主要メディアは、世論調査の結果と称し、ずっとヒラリーが優位であるとの情報を流し続けてきました。彼らの報道においては、ヒラリーとトランプの差が詰まることはあっても、逆転することはなかったのです。

ところが、ふたを開けてみたら、まったく逆の結果が待ち受けていました。選挙人獲得人数で、トランプは306人、ヒラリーは232人でトランプの圧勝だったのです。

選挙結果が出たあとに、主要メディアは「世論調査の方法が偏っていたために予想を間違えた」といった言い訳をしていましたが、彼らは予想を間違えたのではありません。

選挙運動の現場を取材していれば、明らかにトランプが優位であることに気づいたはずです。ヒラリーの集会には人が集まらず、会場がガラガラだったことも多々あったといわれています。ヒラリーの演説では人が呼べないので、レディー・ガガなど多数の芸能人をゲストに呼んで人を集めていたのです。

それを知りながらヒラリー優位という情報を流してきたわけで、米メディアは予想を間違えたのではなく、意図的にヒラリーに肩入れした報道をしてきたのです。

確かに、トランプが暴言を繰り返してきたのは事実ですが、トランプが集会などで外交や経済の政策をいくら語っても、米メディアはそこには触れず、刺激的な言葉ばかりを選んで米国民に伝えました。

偏向報道に影響されたヒラリー支持者たちは、トランプを差別主義者であると断じ、トランプ支持者にまでも差別主義者というレッテルを貼り、侮辱し続けてきました。そのため、トランプの支持者は、公の場でトランプを支持していると口に出せないムードが生まれました。

しかし、トランプの生の声を聞いた民衆は、そこに明日のアメリカを見たのです。

選挙期間中にトランプが主張したのは、「世界の警察」をやめる、TPPには加盟しない、企業の海外移転を規制する、移民の受け入れを規制するなどで、一国平和主義、保護主義、孤立主義だとメディアからは批判されていますが、要するに、これはアメリカ優先主義つまり反グローバリズムの宣言でした。

戦後70年間にわたって、アメリカの伝統的なエスタブリッシュメントは、グローバリズムを推進してきました。これは、アメリカのみならず、世界中をアメリカの企業にとって有利で都合のいいグローバル市場にしていくということです。

しかし、アメリカのグローバル戦略の果実は一体誰が得たのかというと、全体の1%、ほんのひと握りの超富裕層であり、一般のアメリカ国民はまったくその成果を享受できなかったのです。一部の大金持ちが超大金持ちになっただけで、ほとんどのアメリカ国民は以前より貧しくなりました。

グローバル競争とは、コスト競争であり、労働力コストをどれだけ下げるかが基本です。国内から海外の発展途上国に工場を移せば、非常に安い賃金で労働者を雇えます。国内でも、メキシコなどから流入する不法移民を雇えば、劣悪な環境で低賃金でも、好きなだけ働かせることができます。不法移民を使えば、国内に〝植民地〟をつくることができるのです。

工場の海外移転や不法移民の流入で、アメリカの貧困層の白人は、グローバリズムの果実を得るどころか、逆に仕事を奪われ、どんどん貧しくなりました。

アメリカのプアホワイトの賃金は、1973年から1998年にかけて、26%減少しています。25年間で4分の3になったのです。これがグローバリズムの正体です。

こういう実態を見て、「おかしいのではないか」と疑問を投げかけたのがトランプです。彼は大富豪であり、エスタブリッシュメントの1人ではないかと批判されますが、彼の不動産業は基本的にアメリカローカルで、海外にも物件はもっていますが、グローバリズムとはほぼ無縁の事業です。だから、こういう主張ができたのです。

グローバリズムの一環で、アメリカには移民が続々と流入しました。かつてアメリカの産業を支えていた白人労働者は、仕事を失い、子供の教育にもお金をかけられなくなり、社会の底辺に固定されてしまいました。

貧困層がスポーツや音楽などの世界を除き、富を手にするなど、天文学的に低い確率で、〝アメリカンドリーム〟など幻想に過ぎません。貧しい者は貧しいまま、富める者は富んだまま。こうしてアメリカの超格差社会が生み出されたのです。

グローバリズムに対するプアホワイトの怒りが如実に表れたのが、「ラストベルト」でのトランプの勝利です。

ラストベルトとは、アメリカの中西部地域と大西洋岸中部地域の一部に渡るかつての工業地帯のこと。ラスト（ｒｕｓｔ）は金属の錆《さび》のことで、「錆びついた工業地帯」という意味です。

ラストベルトの州では、伝統的に労働組合が強く、本来は民主党の地盤ですが、グローバリズムの直撃を受けているのもこの一帯です。工場の海外移転で仕事を失った白人労働者の不満が鬱積しているのです。

そこへトランプは反グローバリズムを掲げて切り込み、形勢を逆転させました。ヒラリーがやや優位と予想されていたペンシルベニア州（選挙人20人）で逆転したばかりか、ヒラリーの勝率は80％以上とまで予想されていたウィスコンシン州（同10人）まで逆転勝利しました。

2012年の大統領選でオバマが勝利したミシガン州（同16人）、オハイオ州（同18人）、アイオワ州（同6人）もトランプが取りました。

民主党が死守すべき地盤を根こそぎトランプにもっていかれたのです。

東海岸や西海岸の富裕層が信じる世界観とまったく異なるリアルなアメリカがそこにあります。ヒラリーでは何も変わらない、トランプに懸けるしかないという悲壮な思いがここに表れています。

戦争に駆り出されるプアホワイトたちの怒り

プアホワイトが感じていたのは、苦しくなる一方の生活への不安だけではありません。プアホワイトの家庭から大学に進学しようとすれば、飛び抜けて学業やスポーツが優秀であるケースを除けば、軍に志願して入隊し、奨学金をもらって退役後に大学に入るというのが1つのコースになっています。

アメリカでは1973年に徴兵制が停止され、志願兵を採用する制度になっていますが、毎年15万人の若者を集めるために、大学の奨学金をエサに使い、貧困層や移民の子供らをかき集めているのです。

そうした貧しい若者たちが、海外で展開される無意味な戦争に駆り出され、命を落とし、あるいは障害を負って帰還してくるのです。むしろ徴兵制のほうがはるかに平等です。

アメリカを守るための戦争であればまだしも、海外で起きている紛争の多くは、次章以降で詳述しますが、国際金融資本の意を受けたネオコンによる謀略で生み出されたもので、若い兵士たちは無駄死にしています。

家族や友人にそういった犠牲者がいれば、なぜ海外の紛争で自分の家族や友人が犠牲になるのか、なぜアメリカはこんなにも海外で戦争をしているのか、疑問に思うのが当然です。

オバマ前大統領はすでに「世界の警察をやめる」という方向へ舵《かじ》を切っていましたが、

ヒラリーは違いました。もし彼女が大統領になっていたら、さらに多くの若者たちが犠牲になっていたでしょう。

民主党の予備選で、ヒラリーを猛追して〝サンダース旋風〟を巻き起こしたバーニー・サンダースは、30歳未満の若年層から圧倒的な支持を受けていました。

彼が若者から絶大な支持を得たのは、格差社会を固定化させたのがヒラリーに象徴されるエリート層であるという立場で、アメリカの軍事力行使と軍事力の増強には一貫して反対し、公立大学の無償化を公約に掲げたからです。TPPにも反対していました。トランプの主張と、共通点が多かったのです。

サンダース旋風も、若者たちだけでなく、戦争に子供たちを行かせたくないという親たちが、強く支持したから起きた現象だと言えます。

民主党予備選でサンダースはヒラリーに負けたわけですが、サンダースの支持者の多くが、ヒラリーには投票せず、トランプに投票したと私は見ています。国際主義者のヒラリーが大統領になれば、若い命がまた次々に失われたはずだからです。

ヒラリーを追い込んだ不透明な「クリントン財団」

読者の皆さんは、選挙に勝利してアメリカの大統領になるためには、何が必要だと思いますか。

優れた政策でしょうか。改革を進める強い意志でしょうか。国民を統率するリーダーシップでしょうか。人を引きつけるカリスマ性でしょうか。

それらはあるにこしたことはありませんが、本当に必要なのは「お金」です。少なくとも、これまではそうでした。トランプが当選するまでは。

ご存じのように、アメリカ大統領選挙戦を戦うには、莫大《ばくだい》な資金が必要になります。事務所を開設し、多くの専門のスタッフを雇い、およそ1年間かけて、テレビや新聞、インターネットなどへ宣伝広告を出しながら、全米各地で会場を借りて、遊説して回るのです。日本の国会議員や自治体の首長などの選挙とはスケールが桁違《けたちが》いで、近年では、大統領選に出るには、数億ドルもの資金が必要とされています。

そして、これまでのアメリカ大統領選では、より多くの資金を集めた候補者が、ほぼ間違いなく勝利してきました。だから、「アメリカ大統領の職は金で買える」とまでいわれてきたのです。

2016年10月21日の『ロイター』の報道によると、9月末までにヒラリー・クリントンが集めた選挙資金は4億4900万ドル（約460億円）であったのに対し、ドナルド・トランプが集めた資金は1億6300万ドル（約170億円）だったとされています。大富豪であるトランプは、自己資金で5610万ドル（約64億円）を投入しましたが、それでもヒラリーの3分の1強の額だったのです。

ヒラリーが集めた選挙資金は史上最高額といわれていますが、一方のトランプが集めた選挙資金は、近年の大統領選では極めて少ない部類に入る額です。

選挙資金の調達方法についてはさまざまな規制がありますが、ヒラリーはいったいどのようにして、これほどの額を集めたのでしょうか。富裕層から支持されていたとはいえ、常識で考えれば、こんな額を一般の献金だけでまかなえるはずがありません。

ヒラリーは、その資金源について常に黒い噂《うわさ》の絶えない人物です。

2015年2月に米紙『ウォールストリートジャーナル』は、ヒラリーが国務長官時代に、米国務省にロビー活動を行なっていた60社以上が、クリントン一家が主催する慈善団体「クリントン財団」に対し、総額2600万ドルもの寄付をしていたことを報じています。さらに同年4月には、アメリカ最大級のウラン鉱山をロシア関連企業に売却することを米政府の委員会が承認した当時、売却側企業が「クリントン財団」に235万ドルもの寄付を行なっていたことも明らかにしています。

「クリントン財団」は慈善団体を装いながら、クリントン一家の〝財布〟として使われてきたのです。

以前からヒラリーは、中国マネーにどっぷり浸かっていることでも有名でしたが、アメリカで一番お金をもっていて、かつ、政治に影響力を及ぼしたいと思っているのは誰かというと、やはりウォールストリートです。

大統領選の資金にしても、戦争の戦費にしても、その背後にはウォールストリートが存在しています。ウォールストリートは、共和党の候補者にも民主党の候補者にも資金を用立てます。一番お金を集めた候補者が大統領になるわけですから、彼らが大統領を決めるキングメーカーだと言っていいでしょう。

どちら側の候補者も金の力でコントロールできますから、どちらが大統領になっても構わないのです。それがアメリカ大統領選のしくみです。

アメリカの国民は、自分たちの国は民主主義国だと信じていますが、それは幻想に過ぎません。4年に1度、アメリカ人は大統領を選べるのだといっても、どちらがなっても同じ2人の候補者から、メディアによる刷り込みで、そのうちの1人を選ばされているだけです。少なくともこれまで大統領選は、事実上このパターンでした。

候補者はウォールストリートの資金で大統領にしてもらっているわけですから、その意志に逆らえるはずがありません。極端な例では、大統領が戦争の開戦を決断する際も、自分の意志だけで決められるわけではないのです。戦争には戦費が必要ですから、ウォールストリートの許可が必要です。というより、むしろ、その意志によって戦争が始まるといっても過言ではありません。ウォールストリートと軍産複合体は完全につながっていますから、世界で紛争が増えれば増えるほど儲かるしくみです。

アメリカを支配するエスタブリッシュメントとウォールストリートの意志は一体化していると言ってもいいでしょう。金の力でメディアを牛耳って大衆を支配し、金の力で大統領をも意のままに操ってきたのです。これが公にされていない「アメリカ流民主主義」の不都合な真実です。

カダフィ政権転覆を主導したヒラリーとベンガジ事件

アメリカの政権を操る影の支配者が、おぼろげながら姿を見せたのが、ヒラリーの私用メール使用事件でした。

この問題は日本でも報じられましたが、本質を理解している人は少ないようです。当時、国務長官という立場での公務でありながら、彼女は国務省のメールではなく、私用メールを使ったのは、ある意図があったからなのです。

時系列にそって説明しましょう。

中東の民主化運動とメディアや欧米政府によって宣伝された「アラブの春」が、リビアに飛び火して、２０１１年10月20日にリビアの指導者、ムアマル・カダフィ大佐が、反体制派の国民評議会の部隊によって暗殺されました。アメリカはカダフィ派の勢力を制圧するために、この国民評議会に武器や資金を供給していました。アメリカの国務省は、カダフィの暗殺でリビアへの工作が終了したので、国民評議会に貸していた武器と金塊を回収して、今度はシリアの反体制派に送ろうとしていたのです。

ところが、２０１２年９月11日に、リビア東部のベンガジにある米領事館と中央情報局（ＣＩＡ）の活動拠点がテロリストに襲撃され、クリストファー・スティーブンス大使とアメリカ人職員３人が殺害される事件が起きました（ベンガジ事件）。実は、このスティーブンス大使はリビア政権転覆計画の責任者で、武器と金塊を回収してシリアへ送る任にありましたが、リビアの過激派に襲撃され、殺されたわけです。

ヒラリーの私用メールの宛先はこの大使らであり、この謀略を指示していたのが、国務長官だったヒラリーである可能性が極めて高いのです。公にできない非合法な活動なので、記録が残ってしまう国務省のメールではなく、私用メールを使って指令を出していたのでしょう。

それが本当なら、明らかに違法行為で、国務長官が他国の政権転覆に直接関わっていたとなれば、大スキャンダルになります。

ところが、このメール事件について、ジェイムズ・コーミー米連邦捜査局（ＦＢＩ）長官は、2016年7月2日に「ヒラリーを告訴しない」との判断を示しました。さすがにこの判断に対しては、米メディアも放置できず、激しい非難を浴びせました。

もしこの事件の詳細が白日の下にさらされれば、ヒラリーにとっては致命的ですが、結局、大統領選投票日2日前の11月6日、コーミーFBI長官は、「再捜査をした結果、7月の訴追しないという方針に変わりはない」との書簡を米議会に提出しています。

この例だけでも、ヒラリーが何者かの支配下にあるという強い疑いをもつのに十分と言えるでしょう。彼女が自分の意志でリビアへの謀略を指示したとは考えにくく、操られていると考えたほうが妥当です。史上最高額の選挙資金を集めるくらいですから、国際金融資本の意を受けたネオコンの代弁者だったと考えられます。

ヒラリーが大統領になっていれば、ますます海外の紛争に対する介入の度合いを強め、若い命が犠牲になるというのは、こうした根拠があるからです。

メディアによってコントロールされる民衆

アメリカのメディアは、トランプを一方的に非難・中傷し、世論はヒラリーを支持しているという情報を流せば、国民は誘導され、ヒラリーを勝たせることができると楽観していました。この100年、ずっとそうして大統領を決めてきたからです。

フランスの政治思想家、アレクシ・ド・トクヴィルは、1830年代にアメリカを視察し、『アメリカの民主政治』という本を著していますが、そのなかでトクヴィルは、当時、見聞したアメリカ人の意見の持ち方について今日の民主主義の持つ宿命を見通したような興味深い指摘をしています。アメリカ人は、アメリカの多数の意見を、あたかも自分の意見であるように信じて主張していると述べているのです。

その80年後、現在から言えば100年ほど前ですが、アメリカのジャーナリスト、ウォルター・リップマンは、「アメリカの民主主義は幻想である」と指摘しました。彼はウッドロウ・ウィルソン大統領の側近で、大統領直属の広報委員会を統率した人物です。

その下で対独戦争推進宣伝工作に従事したエドワード・バーネイズは、『プロパガンダ』という著書のなかで、大衆はあたかも自分の意見をもっているかのように信じているが、実際は目に見えない勢力によってコントロールされているだけであると喝破しています。

自分たちがメディアを使って大衆をコントロールしていると明言しているも同然です。

鳴り物入りで全米で選挙戦が繰り広げられ、テレビでは候補者の討論会が放映されます。有権者は候補者らの舌戦を切り貼りして解説するメディアの報道を聞き、「自分はこの人物のここが素晴らしいと思って選んだのだ」と信じて投票しますが、メディアによる刷り込みを自分の意見と勘違いしている危険に気づいていないのです。

メディアの側も今までこのやり方がうまくいってきたので、今回も同じやり方でトランプを葬り去れると楽観していたのです。

ところが、今回の大統領選では、それが通用しませんでした。

既存メディアの偏向報道による世論誘導を阻止したのが、SNSなどのネット情報であったことは言うまでもありません。主要メディアが真面目に採り上げない、トランプの外交政策や経済政策、ヒラリーの私用メール問題の本質や「クリントン財団」に関する疑惑などの情報がネット上を飛び交いました。

メディアによる情報の独占が崩れたことで、〝大メディアの偏向ぶり〟に米国民が気づいたのです。

左寄りメディアも右寄りメディアも関係なく、こぞってトランプを誹謗《ひぼう》中傷する様は異様で、共和党の候補者なのに共和党の幹部までもトランプを罵倒しました。

そういう四面楚歌《そか》の状況をひっくり返してトランプは勝利したわけですから、アメリカの一般大衆がエスタブリッシュメントに対して抱いている不満や怒りが爆発した結果と言えるでしょう。

ひと言で言えば、今回のトランプの勝利は、アメリカの一般大衆による「反グローバリズム革命」だったと私は見ています。

これまで私は著書でたびたび指摘してきましたが、今、世界で起きているのは「グローバリズム（国際主義）VSナショナリズム（愛国主義）」の対決です。冷戦終了後から、グローバリズムは世界を席巻してきましたが、イギリスのEU離脱を皮切りに、今回のトランプ大統領誕生が続き、ようやくナショナリズムの側からの反撃が始まったところと言えます。

グローバリズムはひと言で言えば、「国境をなくす」という考え方で、エスタブリッシュメントはそれが正しい行ないであり、アメリカの国益になると民衆を洗脳してきました。

しかし、国家による国民の保護が崩壊し、民衆がどんどん貧しくなる一方であることにナショナリズムの人々が気づき、洗脳の呪縛をはね除け、反旗を翻したのです。

一方で、今回の大統領選での最大の敗北者は、アメリカのメディアだったと言えます。これまでのように国民を騙《だま》して、扇動するようなことはできなくなりました。アメリカでの報道を鵜呑《うの》みにしてそのまま垂れ流してきた日本のメディアも、猛省すべきです。

そういった意味も含めて、今回の大統領選は、アメリカの政治史においても特筆すべき、歴史的な〝事件〟だったと考えています。

反トランプデモとバッシングの背景

アメリカのエスタブリッシュメントがこの事態に困惑しているのは明らかです。選挙が決着したあとも全米で数十万人規模の反トランプデモが起きていたのは、彼らの焦りが表出したものと言えるでしょう。1月20日の大統領就任式では、前代未聞ともいえる全米で100万人規模ともいえる反トランプデモが起こりました。ワシントンではデモ隊の一部が商店の窓を割るなど暴徒化しました。

数十人規模のデモと違い、これほど大規模なデモを起こすには、扇動するリーダーがいて、かつ相当のお金が必要です。もちろん、自発的に参加する人が増えたこともありますが、組織的に動員をかけなければこれほどの人数にはなりません。誰が扇動し、誰がお金を出しているのでしょうか。

トランプに対する揺さぶりは他にもありました。

副大統領に就任したマイク・ペンスが、２０１６年11月18日にブロードウェイのミュージカル『ハミルトン』を観劇したときに起きたハプニングもその１つです。ちなみに、ハミルトンとはアメリカの初代財務長官を務めたアレクサンダー・ハミルトンのことで、ジャマイカからの移民でした。アメリカ最初の民間主導の中央銀行を設立した人物です。彼はアメリカ建国当時のグローバリストの草分けと言えます。そのハミルトンを題材にしたミュージカルの舞台で、以下に述べるハプニングが起こったのは決して偶然とは思えません。移民を奨励し、中央銀行を牛耳る国際金融資本の底意を感じます。

舞台の終了後、黒人俳優が舞台上からペンスに向かって、「新政権が自分たちの権利を守ってくれないのではないかと非常に危機感をもっています。アメリカの価値観を守り、私たち全員のために尽くしていただくことを心から願います」という旨のメッセージを読み上げたのです。

メディアはこぞってこの出来事を報じ、マイノリティーがトランプ政権に不安を感じていると訴えました。相変わらず、トランプは危険だというメッセージを発しているのです。トランプの人種差別発言や反移民発言がアメリカ社会を分断したといわれていますが、私はこの出来事を見たときに、むしろ「アメリカの社会はすでに分断されていたのだ」と実感しました。トランプが分断したのではなく、すでに分断はそこにあったのです。

これまでアメリカの大メディアは、一般大衆に対し、上から目線で、人種平等や人権尊重、女性の権利尊重、宗教差別の撤廃、マイノリティーの保護など「政治的に正しいとされる考え方」（ポリティカル・コレクトネス）を押し付けてきました。

アメリカではずいぶん前から、クリスマスの時期にデパートなどでクリスマスツリーを飾ることができませんでした。クリスマスはキリスト教の宗教行事で、「異教徒に押し付けてはいけない」という理由からです。また、クリスマスだけを祝うのではなくユダヤ教の祭日であるハヌカも同時に祝う習慣が確立しました。

「移民や難民は困っている人々だから人道的に助けてあげるべき」というのもポリティカ

ル・コレクトネスの1つですが、それによって不法な移民が黙認され、アメリカに麻薬が持ち込まれ、犯罪が増加し、治安が悪化するという事態が引き起こされてきました。

しかし、表立って誰も移民に対して反対を唱えることができないような空気が醸成されてきたのです。

こうした閉塞感のなかで、庶民の本音を代弁したのが、トランプの〝暴言〟でした。「メキシコとの国境に壁を築く」という公約は本当に実現可能なのか、当時ははなはだ疑問ではありましたが、こういう言い方をすることであえてメディアに取り上げさせ、一般庶民に「オレはあんたたちの気持ちがわかっている」という強烈なメッセージとして伝えたのです。

カリフォルニア州で起きたテロを受けて、「イスラム教徒を入国禁止にすべき」という声明を出しましたが、政策に落とし込まれた文章をよく読めば、過激派のテロリストが存在する国からの入国者は厳重にチェックすると言っているにすぎません。あえてメディアが騒ぐような言い方をしたのです。しかし、実はそれが一般大衆の本音であることにトランプは気づいていました。

トランプにとって〝暴言〟は、ポリティカル・コレクトネスに辟易《へきえき》した民衆のハートをつかむ、1つの戦略だったのです。

一方のヒラリー・クリントンは、移民問題を軽く考えていたフシがあります。集会でヒラリーの娘のチェルシーが母親を紹介するスピーチで、「セーフ・ネイバーフッド（安全な近隣住民）」の地域に住めて両親に感謝していると述べ、波紋を呼んだことがありました。自分たちは移民とは隔絶された安全な地域に住んでいるので、移民が増えて治安が悪化しても、自分たちには関係ないという本音をうっかりさらしてしまったのでしょう。そういう人々が、「移民を受け入れるのが正しい行ないである」と言い続けてきたのです。

今までマイノリティーが優先されすぎていたため、マジョリティーは多大な不利益を被り、非常に窮屈な思いを強いられてきました。だから、トランプは、「不法移民は強制送還する」「これからは不法移民を入れない」「テロリストの流入は厳重にチェックする」と、当たり前のことを言ったわけですが、「強制送還は人道に反する」「ムスリムへの差別だ」などと批判されたのです。マイノリティーが優先されすぎているから、分断が起きたのです。

勝利宣言で、トランプは「分断を縫い合わせていく」と言いました。分断されてしまったアメリカ社会を、もう一度まとめ直して、強いアメリカを取り戻そうと訴えたのがトランプでした。

もちろん、マイノリティーへの差別はあってはならないことですが、マイノリティーだからといって、マジョリティー以上の待遇を受けるのはおかしいというのが常識的な感覚です。両者を正しい関係に戻すことで分断を解消するということです。

メディアは、マイノリティーを優先するのが正しいと国民を洗脳し、反論が許されないような空気をつくり出してきました。日本でもそうなりつつあります。それが行きすぎてしまったがために、国民の間に溜《た》まりに溜まった不満が爆発して、トランプを勝利に導いたのです。

「トランプに投票するな」というサイトの存在

２０１６年12月19日の大統領選挙の結果を確認する、いわば形式的な選挙人投票まで、トランプに対する嫌がらせともいえる圧力は、ずっと続きました。

ヒラリーが敗北を認めているにもかかわらず、署名活動支援サイトの「Ｃｈａｎｇｅ・ｏｒｇ」では、得票数ではヒラリーが上回ったことを理由に、大統領選挙人にヒラリーへの投票を奨め、「12月19日、ヒラリー・クリントンを大統領に」と訴える署名活動が行なわれました。12月はじめの段階で４６０万人もの署名が集まっていました。

選挙人は単なる代理人に過ぎないのに、有権者の意思を裏切れと奨めているのです。これのどこが民主主義なのでしょうか。

アメリカの大統領選は建国当初の名残で、少々風変わりなシステムになっています。11月８日に実施された一般投票は、各州ごとで大統領選挙人を選ぶ選挙で、１つの州で勝った候補者はその州に割り当てられた選挙人を総取りする方式です。本当の大統領選挙は、12月19日に全米で５３８人いる選挙人が投票する選挙とも言えますが、11月８日の一般投票の結果、全員がすでに誰に投票するか確定しているので、次期大統領はトランプで事実上決定したことになるのです。

しかし、選挙人が本番の選挙で寝返ることがないわけではありません。寝返った場合、罰金が課せられるくらいで、一部の州を除くほとんどの州で、寝返り票も有効票にカウントされます。実際に過去において、一部の選挙人が裏切ったケースはあります。今回の場合、選挙人の州にもよりますが、40人程度が寝返って投票すれば、ヒラリーが大統領になる可能性もあったわけです。

12月19日の大統領選挙人による投票では、トランプ304票、ヒラリー227票、その他7人となり、一部で造反がありましたが、無事、トランプが正式に大統領に選出されました。皮肉なことにヒラリー造反票が5票で、トランプに造反した2票より多かったのです。しかし、反トランプデモが起きたり、選挙人に寝返ることを訴えたりするような事態が起きることが尋常ではなく、私はアメリカの支配層がトランプに仕掛けた揺さぶりと見ています。

得票数では200万票近くヒラリーが多かったという話も、私は眉唾《まゆつば》だと思っています。

2000年にブッシュとゴアが戦った大統領選では、選挙人の獲得数が271対266と非常に僅差だったため、再集計をする事態になりました。あのとき、未開票の投票箱がぞろぞろと出てきて、その事実に日本でも衝撃が走りましたが、このように、得票数はあまりあてになりませんし、操作もできると考えられます。

得票数でヒラリーが上回るどころか、実際はトランプが得票数でも圧勝していて、その事実を公表すると、アメリカ国民の大多数がトランプを支持していたことがわかり、ますますトランプが勢いづいてしまうので、票数をごまかして「得票数ではヒラリーが上回っていた」ことにした可能性さえあります。

無事に終わって良かったと喜んでばかりもいられません。これが何を意味するのかというと、トランプとアメリカ支配層の間で、何らかの手打ちがあったということです。選挙後も揺さぶりをかけ続けながら、最終的にはすんなりトランプ大統領を誕生させました。選挙水面下で取引をして合意ができていなければ、選挙人による投票でヒラリーにひっくり返っていたとしてもおかしくないのです。

問題は、トランプが何についてどこまで譲歩をしたかです。次章以降で論じていきます。

第2章
反グローバリズムの勝利

グローバリストが目指す「ワン・ワールド」

そもそも「グローバリズム（国際主義）」とは何なのでしょうか。

おそらく多くの人は、多国籍企業が海外に製造や販売の拠点をつくり、国境を越えて経済活動をしたり、自由貿易や市場主義経済を地球規模に拡大したりすることがグローバリズムだと考えているでしょう。

しかし、それは一面的な解釈に過ぎません。その根底に流れているのは、国境をなくし、世界を統一するというイデオロギーです。

前章では、国際金融資本がメディアを操作して民衆を操り、キングメーカーとして都合のいい大統領を選んできたことを述べました。

国際金融資本とは、字義的にはウォールストリートやロンドン・シティーなどを拠点として株式や通貨、原油や穀物などの国際的な市場で金融取引を行なっている巨大金融資本を指します。しかし、この国際金融資本のメインプレーヤーは、世界最大の金融財閥ロスチャイルドを筆頭とするユダヤ系金融資本です。

歴史的に迫害され続けてきたユダヤ人が、国を失っても民族として生き残るために選択したのが「ディアスポラ思想（離散思想）」でした。世界中に散らばって生活することで、民族の全滅を避け、金融業を生業《なりわい》とする者も多かったのです。それが結果的に世界の国際金融資本への影響力を高めたと言えるでしょう。

ユダヤ系をはじめとする国際金融資本にとっては、世界から国境をなくし、すべての国が水平につながった世界を実現することが目的なのです。

この思想をひと言で表現したのが「グローバリズム」です。グローバリズムは、世界をディアスポラ化するイデオロギーであると言えます。

ユダヤ人国家を建国したものの、イスラム教国に囲まれて、軍事的にも政治的にも圧力を受け続けているイスラエルは、ユダヤ人にとって決して安寧の地とはなっていません。ですから、彼らは今も世界をグローバル化するための努力をやめていないのです。

国際金融資本のすべてがユダヤ系というわけではありませんし、一般のユダヤ人のほとんどがそうした思想とは無縁です。

私は〝反ユダヤ〟でも何でもなく、ユダヤ人に対して差別的な意識はまったくありません。かつてイスラエルに勤務していた縁もあって、むしろ、ユダヤ人の友人はたくさんいて、彼らは非常に頭が良く、話も面白い人が多く、悪い印象などまったくありません。

問題は、国際金融資本の主たる構成員がユダヤ系の金融資本であり、そのなかには金融の力で各国政府をコントロールし、世界を統一しようという思想をもつ者がいるということです。ごく一部のユダヤ人の話であって、国際金融資本＝ユダヤ系金融資本ではないのです。

その一方で、非ユダヤ系であっても、グローバリズムの思想に染まって国際主義者になる者はいます。

ロックフェラー家は、アメリカの石油王で実業家の名門一族ですが、第3代当主のデービッド・ロックフェラーは『ロックフェラー回顧録』（楡井浩一訳、新潮社）のなかで、こう述べています。

「一族と私は国際主義者であり、世界中の仲間たちとともに、より統合的でグローバルな政治経済構造を――言うなれば、ひとつの世界を――構築しようと企んでいるという。もし、それが罪であるならば、わたしは有罪であり、それを誇りに思う」

自らが国際主義者であることを認め、世界の仲間と一緒にワン・ワールドをつくろうとしてきたと言っているのです。

国際金融資本家のなかにはロックフェラーのように国際主義を標榜し、世界の統一を目指す人々が多々いるのです。

しかし、それはアメリカ国民として、アメリカの国益を優先しないと言っているも同然です。国際主義者は、国家を解体し、ワン・ワールドを実現しようと考えています。そのために、彼らは世界の金融を支配し、自分たちに都合のいい社会経済秩序をつくろうとしているのです。

グローバリズムは、世界を1つにし、平等社会を実現するという共産主義と非常に親和性が高い思想と言えます。

ソ連が崩壊し、東西冷戦が終結した今となっては、共産主義による社会変革という言葉から説得力は失われましたが、彼らはグローバリズムという言葉に換えて、ワン・ワールドの実現に向かって突き進んでいるのです。つまり、国際主義とは現代の共産主義と呼んでも差し支えないでしょう。

政府の銀行ではない中央銀行

国際金融資本が各国の金融を支配する戦略のなかで、もっとも重要な意味をもつのは、通貨の発行権を握ることです。

18世紀のドイツのユダヤ系銀行家、マイアー・アムシェル・ロスチャイルドは、「自分に通貨の発行権を認めてもらえば、法律は誰がつくってもいい」という言葉を残しています。どういう形であれ、通貨の発行権さえ握ればどうにでもなると言っているのです。

民間資本による中央銀行を設立し、通貨の発行権を握れば、政府は、たとえば、戦争が始まって戦費を調達するために、中央銀行から莫大な額の借金をすることになります。その借金を返済させるために、中央銀行は政策に口を出し、意のままに政府をコントロールできるようになります。

つまり、通貨を支配するということは、必然的にその国を、そして、世界を支配することにつながっていきます。

中央銀行というものを「政府の銀行」「国立の銀行」と勘違いされている方が多いですが、

それは間違いです。

中央銀行には２つの特徴があります。第一に、通貨の供給を独占的に行なうこと。第二に、民間の銀行であることです。

我が国の日本銀行の場合、株の55％を日本政府が所有しているのでまだましですが、それでも国営ではなく、民間の銀行です。アメリカの場合、１００％民間で、株の多くをロスチャイルド系の金融機関が握っています。こうした民間の銀行が通貨の発行権をもっています。

政府は国債を発行して中央銀行に買ってもらうなどして（中央銀行に借金をするのと同義）予算の資金を得ますが、このとき中央銀行は借金の額に応じて通貨を発行します。そのお金を市中銀行に貸し出して、利益を得ることができます。何の経営努力もせずに儲けることができるのです。

これがいわゆる「信用創造」と呼ばれるしくみで、現代の錬金術とも言えます。通貨の発行権は、巨大利権と呼んでもいいでしょう。それを手に入れることで、金融による支配は盤石になるのです。

米大統領には4つのタイプがある

戦争を始めるにも、大統領選で勝つにも、莫大なお金が必要で、アメリカの政治を語るには、そのお金を背後で動かしている国際金融資本の意志を推し量る視点が不可欠と言えます。金融を抜きにしてアメリカ史は語れません。

ところが、それを理解していない人が非常に多いのです。

今回の大統領選でも、お金の流れを無視して、トランプとヒラリーの政策や主義主張だけをとらえ、過去の大統領になぞらえて分析するメディアがありました。

よく見かけたのが、アメリカの著名な政治学者、ウォルター・ラッセル・ミードが著わした『特別な摂理　アメリカの外交政策と世界への影響』（原題：Special providence：American foreign policy and how it changed the world　＊未翻訳）を引用する手法です。

この本には、アメリカの外交政策は4つに大別されると書かれています。

1つ目は前述したミュージカル「ハミルトン」の「ハミルトン主義」。大統領ではありませんが、合衆国憲法を起草した思想家、政治家で、初代財務長官を務めたアレキサンダー・ハミルトンの政治思想です。世界におけるアメリカの経済的優越を第1に重視し、政府と大企業との協力がアメリカの生存のために重要とする考え方とされています。

2つ目は、第28代大統領になったウッドロウ・ウィルソン（民主党）の「ウィルソン主義」。国際連盟の創設を提唱した人です。理想主義的な外交思想であり、力ではなく道義を重視する考え方です。

3つ目は、第7代大統領のアンドリュー・ジャクソン（民主党）の「ジャクソン主義」。ジャクソンは戦争の英雄で、ネイティブ・アメリカンや黒人に対する差別主義者だったとされています。小さな政府を志向し、州の権限を拡大させています。政治において重要なのは、物理的な安全と国民の経済的繁栄であるとの信念の下、原則として国外での紛争には関わらないが、一旦戦争になればとことん戦い抜くという思想です。

最後の4つ目が、アメリカ独立宣言を起草した第3代大統領、トマス・ジェファーソン（民主共和党）の「リバタリアン的な思想」。すべての人間は平等であり、基本的人権は不可侵であると唱え、誰もが「生命、自由、幸福の追求」の権利があるとしています。アメリカの国内問題を重視する立場です。

この4つの分類に沿って、たとえば、「ニューヨークタイムズ」は論説で、トランプはジャクソンに似ていると述べていました。

トランプは妊娠中絶や健康保険などについて政策に首尾一貫性がなく、その点で共通している、あるいは、ジャクソンは無学で粗野で、黒人やネイティブ・アメリカンを排斥しましたが、トランプも移民の制限や過激派イスラム教徒の追放を主張し、自身が大金持ちでありながら金持ちの敵対者を演じたところが同じだというのです。

しかし、こういう解釈はまったく間違っています。

ジャクソンとはどういう人かというと、粗野だが愛国者とか、無学歴だが意志の強い人だとか、日本人の学者が書いた本でもそう書いてありましたが、そもそも、そのジャクソンに対する評価が間違っているのです。

ジャクソンは確かに無学だったかもしれませんが、彼の最大の功績は、国際金融資本がアメリカの敵であることに気づき、戦ったことで、国際金融資本に抵抗して、アメリカにそれまで存在していた中央銀行、第2合衆国銀行の更新を認めなかったことです。だから、暗殺されかけたのです。

私も実はジャクソンとトランプは似ていると考えていますが、ニューヨークタイムズが挙げたのとは理由がまったく異なります。

トランプはナショナリスト（愛国者）であることは間違いなく、その点では一致しています。しかし、決して無学ではなく、名門のペンシルベニア大学ウォートン校卒で企業経営者としての能力は並外れていました。

事業に失敗して「世界一の借金王」と呼ばれるほどの負債を抱えたにもかかわらず、そこからまた、大富豪と呼ばれる地位にまで復活したのです。その1点だけ見ても、ビジネスマンとして類希《たぐいまれ》な才能をもっていることは明らかです。

トランプは、景気浮揚のため金融緩和政策を続けるFRB（連邦準備制度理事会）のイエレン議長に対し、「オバマ大統領の功績を高めるために、利率を低いままにしている」と非難し、「恥を知れ」と罵っていました。

それだけではありません。前章で述べたとおり、トランプは明確にグローバリズムを否定しています。

「メキシコとの国境に巨大な壁を建設する。費用をメキシコ政府に負担させる」といった荒唐無稽とも思える主張をしていましたが、現実に実行に踏み切りました。彼は、移民についても厳しく制限するという立場で、アメリカ国内の不法移民についても厳罰に処して、国外退去させ、アメリカの労働者に利益をもたらすとの約束を守ったのです。

ＴＰＰについても反対の立場を表明していましたが、実際にＴＰＰからは永久離脱すると大統領令にサインしました。メキシコ、カナダとの間で署名したＮＡＦＴＡに関しても再交渉するとし、その他の中国や日本など海外からの輸入品についても関税を上げるとしています。アメリカ国内の雇用を守るために、輸入を制限して、自由貿易から保護貿易へ転換するというのです。

つまり、トランプは、中央銀行であるＦＲＢに批判的であるだけでなく、グローバリズムも完全に否定する主張をしています。国際金融資本に真っ向から挑戦するような公約を掲げていたわけで、だから、ジャクソンと似ているのです。

しかし、一度、金融支配が確立されてしまうと、通貨の発行権をもつ中央銀行はアンタッチャブルな存在になっていきます。これは次章で詳しく述べますが、うかつに中央銀行に手を出すと、アメリカ大統領でさえ、その身に危険が及びます。暗殺された、あるいは暗殺されかけた米大統領のほとんどが、中央銀行の解体や制限をしようとしていたのです。

ですから、トランプもあくまでこの方向へ突き進むと、暗殺の危険が高まると言っても言いすぎではありません。

トロツキストがネオコンに

一方のヒラリーは、選挙運動中、TPPに反対する姿勢を示していましたが、もともとは賛成で、トランプや他の候補者らが反対論を展開して支持率を上げてきたのを見て、反対に鞍替《くらが》えしただけでした。おそらく大統領になっていたら、前言撤回して加盟のサインをしていたでしょう。

FRBに対しても、理事を選出するルールを変更するという主張はしていましたが、FRBそのものを否定したりはしませんでした。ヒラリーを後押ししていたのは、アメリカの伝統的な支配層です。アメリカが民主主義国家だというのは幻想で、そういう体裁を整えているだけで、実際に動かしているのはほんの一握りの人々です。

そのひと握りの人々とは、これまで述べてきた国際金融資本、国際主義者と言えますが、ここにはネオコンと呼ばれる政治思想をもつ層が深く関与しています。ワン・ワールドを実現しようとする勢力の別の呼び名です。

ネオコンとは何かというと、その源流を探ると、1917年のロシア革命にまで遡ります。ロシア革命は、帝政ロシアが打ち倒されて社会主義国家が樹立された革命ですが、実は革命家のほとんどがロシアで迫害されていたユダヤ系の人物でした。その革命運動を資金的に支援したのが、日露戦争で日本を支援したドイツ生まれのヤコブ・シフというアメリカのユダヤ系銀行家や、イギリスのロスチャイルド家でした。

時系列で追っていくと、1904年に日露戦争が勃発しましたが、その当時、帝政ロシアはユダヤ人排斥主義をとり、「ポグロム」と呼ばれるユダヤ人迫害の嵐が吹き荒れていました。ヤコブ・シフやロスチャイルドら金融資本家は、敵対するロシア皇帝ニコライ2世を打倒するために、ロシアから資本を引き揚げ、内外のユダヤ人から資金を集めて日本の戦時国債を買い、日露戦争の戦費の支援をしたのです。

つまり、ユダヤ人にとって日露戦争は、民族として生き残るため、帝政ロシアを打ち倒す戦争の前哨戦だったのです。

そして、第1次世界大戦中、ロシア革命で、それら金融資本はウラジーミル・レーニンやレフ・トロツキーらを支援して、革命を成功させました。レーニンもトロツキーもユダヤ人です（レーニンは母方がユダヤ系）。

トロツキーは赤軍の創設者で、革命の内戦において大きな功績を挙げたので、ソビエト連邦樹立後は共産党政治局員として重要な地位に就きました。しかし、1924年にレーニンが死去すると、スターリンなど党内の主流派と対立。政争に負け、国外追放されました。

いくつかの国を経て、メキシコに亡命したトロツキーは、第4インターナショナルという活動組織を結成し、世界に社会主義を輸出するという世界革命論を唱え、国際運動を展開します。しかし、1940年にスターリンの放った刺客によって暗殺されました。

トロツキーの思想を受け継いだ人々を「トロツキスト」と呼びます。彼らは最初は社会主義を世界に広めてワン・ワールドを実現しようとしていたのですが、次第に社会主義の看板を降ろし、替わりに「自由と民主主義」というアメリカの理念を看板にすげ替え、力ずくでグローバリズムを広め、ワン・ワールドを実現しようとし始めます。

トロツキストがネオコンになったのです。

ウィルソン大統領を操ったネオコン

社会主義もグローバリズムも、もともとは左派のイデオロギーで、その本質は「国際主義」です。社会主義、共産主義の社会を建設することが彼らの本当の目的ではなく、世界を無国籍化してワン・ワールドにすることが、真の目的なのです。

国際金融資本が金融のパワーでアメリカの支配を強めていったことで、アメリカの政権内にもネオコンが入り込むようになるのです。

国際連盟を創設したウィルソン大統領は、ロシア革命が起きたとき、「素晴らしい民主主義国ができた」と称賛しています。

彼の側近は、軍歴がないのに大佐の肩書きをもつマンデル・ハウス大佐という、大統領補佐官のような役割をした人物や、ジャーナリストのウォルター・リップマン、〝ウォールストリートの相場師〟と呼ばれた投資家のバーナード・バルークといった国際主義者で固められていました。

さらにウィルソン自身は女性問題を抱えていて、そのスキャンダルのもみ消しをサミュエル・ウンターマイヤーという有能な弁護士に依頼しています。ウンターマイヤーはその見返りとして、最高裁判事を指名するときは、自分が推薦する人物を選ぶことを要求します。ウィルソンはその申し出を受け入れ、ウンターマイヤーが指定したルイス・ブランダイスという法律家を指名します。ブランダイスはアメリカの最高裁判事となった最初のユダヤ人になりました。

ウィルソンは、個人的な弱みまで握られて、意のままに操られていたのです。

ウィルソン主義というのは、アメリカ型の「自由と民主主義」を世界に広げるため、外国の政治に積極的に介入し、戦争も厭《いと》わない、というより、積極的に軍事介入していくという考え方で、まさにこれこそが国際主義者の考え方です。

1912年に酷似した大統領選

このウィルソンが大統領になった経緯を眺めると、今回の大統領選とも符合する非常に興味深い事実がわかります。

1912年の大統領選で、当時の現職は共和党のウィリアム・タフト大統領で2期目の選挙でした。アメリカの大統領は2期8年務めるのが一般的で、予想ではタフトが有利とされていました。しかし、タフトはウォールストリートとの関係が悪かったため、再選を阻もうとする動きが起きたのです。

民主党は対抗馬としてウィルソンを立てました。ウィルソンを担ぎ出したのもバーナード・バルークです。

もちろん、ただ立候補しただけでは、現職大統領には勝てません。そこで、共和党内の国際主義者らが前大統領のセオドア・ルーズベルト（共和党）を担ぎ出し、アメリカ進歩党を結成させ、大統領選に立候補させました。これにより共和党の票は二分され、結果的に民主党のウィルソンが当選しました。第1次世界大戦の戦費を賄うために、FRBが誕生したのは、その翌年の1913年です。

この1912年の選挙は、今回のトランプとヒラリーが戦った大統領選とよく似ています。

トランプは、健全だった頃のアメリカ社会に戻す、アメリカ・ファーストだと主張し、これまで政治的にスポットを当てられてこなかった貧しい白人労働者から圧倒的な支持を得たとされていました。アメリカの民衆の目を覚まさせ、支持を得てしまったわけで、ネオコンにとっては極めて都合の悪い候補者です。そこで、メディアに対して圧力をかけ、人格攻撃を繰り返してきましたが、勢いは衰えませんでした。

そんななかで2016年5月に、元ニューメキシコ州知事のゲーリー・ジョンソンが、リバタリアン党の大統領候補として出馬します。支持率は数%程度でしたが、ヒラリーとトランプの支持率の差が拮抗していただけに、選挙結果に影響を与える可能性はありました。

さらに選挙戦終盤になって、元CIA職員で共和党下院議員団の政策部長を務めていたエバン・マクマリンが、共和党を出て無所属で立候補するという事態が起きました。本人は「勝ち目はある」と言っていましたが、客観的に見て勝てるわけがなく、単に共和党支持層の票を割ろうとしただけでした。もう少しで共和党のトランプ大統領が誕生しそうなのに、わざわざ足を引っ張って、民主党のヒラリーを勝たせようとしていたのです。

実に奇妙な事態ですが、メディアではそのおかしさを指摘しません。

結局、ふたを開けてみたら、貧しい白人労働者だけではなく、トランプ支持を口に出せなかった〝隠れトランプ支持者〟が膨大にいて、アメリカの影の支配者たちに痛烈な一撃を与えることとなりました。

歴史は繰り返すといいますが、現職のタフトを追い落とし、意のままに操れるウィルソンを大統領に据えたときと同じ策略が使われたのに、今回の選挙は逆の結果となったのです。

反グローバリズムの波はアメリカだけにとどまらない

タフトの時代と異なり、こうした策略を仕掛けられたにもかかわらず、トランプが勝利したのは、グローバリズムに対する民衆の怒りが沸点に達していたからと言えるでしょう。

冷戦が終了して30年近く経ちましたが、その間、グローバリズムが拡大し続け、その副作用として経済格差が世界中に広がっていきました。普通の人々が普通の生活をするのもままならないほど、経済的に毀損され、その一方で富はひと握りの層に集中しました。

その不公平さに対する不満がピークに達したと言えるのかもしれません。

端緒を切ったのがイギリスでした。２０１６年6月23日の国民投票で、イギリス国民はＥＵからの離脱を選択しました。

この国民投票を巡り、日本を含む世界中のメディアが、「イギリスがＥＵを離脱したら、世界経済は停滞する」「ＥＵ離脱はポピュリズムだ」と圧力をかけ、事実上、残留派を支援していたのです。

しかし、結果は数ポイント差で離脱派が勝利しました。僅差ですが、世界中のメディアからのさまざまな圧力をはね返しての勝利ですから、圧勝と呼んでもいいはずです。

離脱派が勝利した大きな要因は、新興ＥＵ国からイギリスへの移民問題でした。加えて財政を粉飾してユーロ圏に潜り込んだギリシャが財政危機に陥り、経済も崩壊同然になりましたが、そんなギリシャを支えさせられたことにも不満が高まっていました。

さらにシリアからは１５０万人もの難民がＥＵ諸国に入ってきましたが、イギリスも彼らの行先の１つでした。

この問題の根底にあったのも、アメリカと同様、「移民を受け入れるのが正しい。難民を受け入れるのが人道的だ」というポリティカル・コレクトネスでした。移民によって下層の労働者は仕事を奪われ、難民の流入で犯罪やテロが頻発し、ゴミなどで都市の美観が損なわれ、治安も悪化しました。

それに対するイギリス国民の反発がＥＵ離脱へつながったと言えます。ＥＵのなかでもグローバリズムＶＳナショナリズムの対決が起き、ナショナリズムの側から世界のグローバル化の動きにストップをかけたのです。

イギリスで起きた「反グローバリズム革命」が、アメリカ大統領選に影響を与えたことは疑いようがありません。そして、その反グローバリズムの炎は、その後ＥＵに戻り、今度はイタリアに飛び火しました。

イタリアでは２０１６年12月４日に、レンツィ首相が提出した憲法改正案に関する国民投票を行ないましたが、イタリア国民は改憲案を否決しました。

この改憲案は、イタリア議会上院の定数を約３分の１にまで減らして内閣承認や立法に関する権限を奪い、さらに、地方政府の権限も縮小するという内容で、実質的に下院だけの一院制に転換し、首相の権限を大幅に強化するものでした。

レンツィ首相は、上院・下院で与野党がねじれていると政治の停滞を招くという理由からこの改憲案を提出しましたが、実際は首相の権限を強化することで、ＥＵからの指示を速やかに実現するのが狙いだとされています。

この改憲案に強硬に反対したのが、反ＥＵ派の新興政党「五つ星運動」で、今回の改憲阻止の成功により、勢いに乗り、次回総選挙で政権を取る可能性が出てきています。

「五つ星運動」は、政治風刺コメディアンのベッペ・グリッロが中心となって２００９年に創設された政党で、反派閥・反政党政治を掲げ、若年層及び下流層から絶大な支持を得ています。「政権を取ったら、ＥＵ離脱を問う国民投票を実施する」と公約しているので、それで総選挙で勝利して政権を取ったとしたら、イタリアもＥＵを離脱すると見ていいでしょう。

ＥＵはどうなる？

ＥＵを主導するドイツとフランスでも、移民に対する反発は高まっています。

ドイツではメルケル首相率いる与党、キリスト教民主同盟（ＣＤＵ）が、２０１６年９月のベルリン市議会選挙で大惨敗し、メルケル首相は「移民問題の危機対処に誤りがあった」と認めざるを得なくなりました。

フランスは、イスラム系だけでも５００万人もの移民を受け入れている欧州では最大規模の移民大国ですが、２０１５年１月の「シャルリー・エブド」襲撃事件、同年11月のパリ同時多発テロ、２０１６年７月のニースでのトラックテロと、テロの連鎖が続いています。

そんななかで、反移民・難民排斥・反イスラムと反ＥＵを掲げる極右政党「国民戦線（ＦＮ）」のマリーヌ・ル・ペン党首の支持率が急上昇し、２０１７年４月に行われるフランス大統領選で、少なくとも決選投票に残ることが確実視されています。彼女が勝てば、フランスもＥＵを離脱する可能性が極めて高くなります。

イギリスに続いて、イタリア、フランスとＥＵ離脱が続けば、ＥＵは内部から崩壊していくと見て間違いありません。

ポピュリストのトランプ

欧州でもこれまで「移民を受け入れるのが正しい」とするポリティカル・コレクトネス

が席巻し、難民についても、かつて植民地支配をしていた中東やアフリカの諸国から、富や労働力を搾取していたことに対する贖罪《しょくざい》意識から、受け入れるべきとされてきました。

しかし、庶民は生活が苦しくなり、治安も悪化すると、そうした考え方を受け入れられなくなり、グリッロやル・ペンが支持されるようになったのです。

トランプも含め、彼らはポピュリスト（大衆迎合主義者）だと非難されていますが、この批判は実は間違っています。そもそもポピュリズムは決して悪い意味ではありません。アメリカの政治の歴史では、ポピュリズムとは生活が困窮した庶民（ピープル）の生活を守ろうという運動を指す言葉です。トランプは一般大衆の気持ちに向き合い、そこから「自国の国内問題を最優先しよう」と言っているに過ぎません。多数決の原理で動くのが民主主義であり、民主主義の本質とはポピュリズムそのものです。それの何が悪いのでしょうか。

ポピュリストがダメだという理屈は、大衆が馬鹿でまともな判断ができないという決めつけが前提にあるのです。大衆は、ひと握りのエリートが、正しい道に誘導してやらなければならない存在だという傲慢な考え方です。

それを言い出したら、共産主義革命も一般大衆であるプロレタリアート（労働者）が政治の実権を握るということで、正しくポピュリズムそのものですが、共産主義者に対してこのような非難は聞いたことがありません。

もっとも、実際の共産主義国家は、一部のエリートが実権を握り、プロレタリアートである国民から思想や言論の自由を奪い、指導者を崇拝させ、政府に反抗すれば弾圧・虐殺していたのが実態で、民主主義などどこにもありませんでした。

形を変えた共産主義者であるネオコンが、民主主義からもっとも遠い存在であることは言うまでもありません。トランプは「反民主主義者だ、大衆迎合主義者だ」と罵られてきましたが、むしろトランプこそ民主主義者だと私は考えています。

選挙運動期間中にトランプを密かに支持していた層に、国防総省の制服組がいます。軍人というのは一般的にナショナリストで、「我がアメリカを守るために命を懸ける」という人が多いわけですが、イラク戦争からずっと、ネオコンの世界統一という野望のために、意義の感じられない外国での戦争をやらされてきたという思いがあるのです。犠牲になるのは彼らやその部下ですから、それは当然のことです。ですから、トランプのアドバイザーには、錚々《そうそう》たる制服組の元トップが名を連ねていたのです。

今までのアメリカは、そういう意味では本当の民主主義を実現する者が大統領になることはなかったし、選挙期間中は一般大衆に寄り添うふりをしても、実際に大統領になると何も実践しないという状況だったと思います。典型的な例はオバマ前大統領で、既成政治の「チェンジ」を唱えて当選したにもかかわらず、結局何もチェンジすることはできませんでした。それとは一線を画す候補者がトランプでした。

イスラエル支持は最低限の条件

ただし、トランプがネオコンから何の影響も受けていないかというと、決してそうではありません。

トランプも共和党の候補者になった以上、党の背後にいるエリート層に対し、何らかの譲歩をしていると考えられます。そうでなければ、党の正式な候補者にはなれないのです。

大統領選の候補者レースは、20人くらいでスタートし、スクリーニングされて最終的に1人に決まりますが、アメリカの真の支配階級がOKを出さなければ共和党、民主党どちらの代表にもなれません。共和党も民主党も、キングメーカーがＯＫを出した候補者しか残らないのです。そして、キングメーカーはあとから側近としてブレーンを送り込んで大統領をコントロールすればいいわけですから、これまでは彼らも安心だったのです。

しかし、トランプの場合は、民衆からの支持が絶大で、他の候補者を圧倒していましたから、これで党が公認しなければ暴動さえ起きかねず、なし崩し的に公認候補になったような印象を受けます。おそらく、両者が譲歩して、少しずつ歩み寄ったのではないかと考えられます。

そのラインがどのあたりにあるのかはわかりませんが、少なくともアメリカの大統領候補になるには、イスラエル支持を明確にしなければなりません。トランプも、２０１６年3月21日に、政治や経済に強大な影響力をもつイスラエルロビー、アメリカ・イスラエル公共政策委員会（ＡＩＰＡＣ）の集会で演説し、「私はイスラエルを愛している。私はイスラエルのために１００％、いや、１０００％戦うつもりだ」と発言しています。

おそらく彼らの突きつけた最低限の条件は飲んだのではないかと考えられます。

繰り返しますが、そうでなければ党の候補者にはなれませんし、逆に支配層側も、トランプが大統領になる可能性がある以上、完全に対立して、コントロールを失う状態になるのは避けたいのです。

さらに、アメリカでは、大統領選に出馬して党の候補者になるためには、政界の重鎮であるヘンリー・キッシンジャーやズビグニュー・ブレジンスキーに挨拶に行くのが通例になっています。

ニクソン政権とフォード政権で大統領補佐官や国務長官を務めたキッシンジャーという人は、90歳を超えた今も政界に厳然たる力をもち、2016年5月にヒラリーもトランプも挨拶に出向いています。キッシンジャーは共和党系のアドバイザーですが、民主党系のアドバイザーは、カーター政権で大統領補佐官を務めたブレジンスキーです。すでに88歳ですが、彼も健在です。

キッシンジャーが会うということは、2人にお墨付きを与えたということを意味し、実際、その後、テッド・クルーズら他の候補者はみな、選挙戦から撤退しています。

しかも、キッシンジャーとブレジンスキーの2人の背後には、デービッド・ロックフェラーが控えています。101歳ですが、この人も健在です。共和党と民主党のどちらの候補者が大統領になっても同じというのは、こういうことです。

アメリカは2大政党制だから、共和党と民主党では、政策から何から正反対だと思い込みがちですが、まったく別物と思わせているだけで、むしろ、2大政党制だからこそ、中身は基本的に同じなのです。そして、大統領の背後にはネオコンを実行部隊とする支配エリート、軍産複合体がいます。

トランプにしても支配層エリートの要求をどこまで受け入れたかは、外からではわかりませんが、少なくとももっともコアな条件、すなわち、「FRBには手を付けない」という条件は飲んだのではないでしょうか。

選挙期間中に、トランプ陣営はユダヤ人を象徴する「六角星（ダビデの星）」を貼り付けたヒラリーの写真に、「史上もっとも腐敗した候補者」との言葉を添えたツイートを投稿し、ユダヤ系コミュニティから「反ユダヤ主義者だ」と批判されたことがあります。

しかし、トランプが反ユダヤ主義者かというと、決してそうではありません。

すでに周知の事実ですが、トランプの娘のイヴァンカはユダヤ系の大富豪ジャレッド・クシュナーと結婚し、ユダヤ教に改宗しています。彼らの定義では、ユダヤ教に改宗した人はユダヤ人になるので、トランプの娘はユダヤ人ということになります。クシュナー家は不動産事業や週刊誌『ニューヨーク・オブザーバー』などを営む新興ユダヤ系財閥です。ジャレッド・クシュナーは選挙参謀として非常に優秀な働きをしていました。

トランプのクシュナーへの信頼は絶大で、一部上院議員らの反発をよそに、ホワイトハウスの上級顧問に迎え入れました。

ヒラリーのバックにいるのは、民主党も共和党も含めて大統領を選んできた、伝統的なウォールストリートのキングメーカーだった人々で、一方のトランプのバックには、カジノや不動産など新興のユダヤ系勢力がついていると考えられています。大統領になれば何でも自由にできるというわけでもないということです。

トランプ大統領が世界を変える

それでも、トランプ大統領は世界を変える可能性を秘めています。

ＦＲＢを廃止することはできなくても、世界中で紛争を起こし、軍事介入するという国際干渉主義をやめるだけでも、世界は良くなります。

シリアでの意味のない戦闘もなくなります。アメリカが密かに行なっているIS（いわゆるイスラム国）に対する資金や武器の援助を止めれば、第4章で詳説しますが、ISはすぐに崩壊します。

シリア紛争は一種の民営化された戦争と言えます。国家の軍隊同志がぶつかる昔の国家間の戦争と違い、テロ集団の私兵が暴れているわけで、国際法を無視して何をしようが自由で、紛争を起こすうえで非常に使い勝手がいいのです。

アフガン戦争やイラク戦争では、ブラックウォーターなど、元軍人や傭兵《ようへい》を集めた民間軍事会社の存在が取り沙汰されましたが、いまやテロ集団が下請けとしてそうした業務を行なっているような状態です。

もしヒラリーが大統領になっていたら、ネオコンはリビアの次のターゲットとしてきたシリア破壊工作を強化し、アサド政権を崩壊させるまで戦争を続けたでしょう。ヒラリー大統領なら、世界に紛争を広げていたはずです。

オバマがアサド政権の軍事拠点への空爆を取りやめたように、大統領にもサボタージュによってネオコンの意志に抵抗する余地は少しはあります。しかし、ヒラリーは違います。

大統領選史上、最高額の選挙資金を集めたということは、もはや完全にネオコンの言いなりで、彼女に抵抗する術《すべ》はまずありません。

それが防げたことは、世界にとって福音といってもよいと思います。

トランプは移民や工場の海外移転を規制し、自由貿易から保護貿易へ転換することで、アメリカ経済を活性化させるでしょう。トランプが次期大統領に決定して以来、ダウ平均株価は史上最高値を更新し続けました。保護貿易的になったとしても、アメリカ経済の復活は日本経済にとっても悪いことではありません。注意すべきことは、現在の世界貿易体制はＷＴＯの下で自由貿易を建前とはしていますが、実態は貿易の自由化にはほど遠く、各国の妥協の結果、保護貿易的な制度になっているということです。だから、トランプ大統領になって世界が一挙に保護貿易化するというのは明らかに間違いで、大企業ではなく国民の利益に沿った貿易体制を目指した再編成が行われることになりそうです。

たとえば、アメリカを中心として、海洋国家間の経済連携が強化される可能性が高まるでしょう。英国や日本、豪州、ニュージーランドに加え、インド洋を押さえる半島国家インドといった海洋国家連合が形成されるかもしれません。

このような彼の目論見《もくろみ》が成功すれば、世界の枠組みも変わっていくでしょう。日本にとっては大きな課題を突きつけられたことになりますが、それは日本にとってチャンスでもあるのです。

第3章

暗殺された歴代大統領の奇妙な共通項

国際金融資本と戦ったジャクソン

前章では、国際金融資本は、自分たちが株主となる民間の中央銀行を設立し、通貨の発行権を握ることで、その国の金融を支配すると述べました。

アメリカの大統領史は〝血塗られている〟と表現できるほど、未遂も含め暗殺が頻発していることで知られていますが、国際金融資本による通貨の発行権掌握を巡る暗闘の歴史と、大統領の暗殺は奇妙な符号を見せるのです。

第7代アメリカ大統領のアンドリュー・ジャクソンは、第二合衆国銀行の更新を認めず、中央銀行をつぶしたために、アメリカ大統領史上初の暗殺の標的になったと言えます。

話は1775年に始まった独立戦争まで遡ります。独立戦争は8年間続き、1783年にようやくイギリスとの和平が成立し、アメリカは独立国家となりました。しかし、ロンドン・シティーの国際金融家らは、それに怯《ひる》まず、アメリカを金融で支配することを目論みます。その第一歩が、中央銀行の設立でした。

アメリカの初代財務長官、アレキサンダー・ハミルトンは、イングランド銀行を手本にした中央銀行の設立を提案します。その案の危険性に気づいていたベンジャミン・フランクリンやトマス・ジェファーソンら建国の父と呼ばれた人々は猛反対しますが、フランクリンの死をきっかけに、1791年、ワシントン大統領が法案に署名し、通貨発行権をもつ中央銀行として、「合衆国銀行」が設立されます。

合衆国銀行の株式は、ロンドン・シティーのネイサン・ロスチャイルドなど民間銀行が80%を保有し、連邦政府の出資は20%でした。実質的には国際金融資本が所有する銀行だったのです。

合衆国憲法では、通貨発行の権限は連邦議会に属すると規定されているのにもかかわらず、合衆国銀行は生まれました。憲法違反を犯してまで中央銀行が設立されたということで、背後でどれほど大きな力が働いていたかが想像できます。

合衆国銀行には20年という期限が設定されていたので、1811年に期限切れを迎えました。ここで中央銀行を更新するかどうかでアメリカ議会では大論争が起きたのですが、上院下院ともわずか1票差で更新が否決され、合衆国銀行は終了しました。

ところがその翌年、英米戦争が勃発します。

この戦費によってアメリカ政府の債務は3倍に拡大し、アメリカ経済は深刻なインフレに悩まされます。インフレを抑制するとの口実の下に、1816年に再び、民間の中央銀行として設立されたのが第二合衆国銀行でした。

つまり、英米戦争は中央銀行を復活させるため、国際金融資本がイギリス政府をけしかけたからだと私は考えています。

第二合衆国銀行も合衆国銀行と同様に、20年という期限が切られていたので、1832年頃から更新するかどうかの議論になりました。

このとき、ジャクソン大統領は、第二合衆国銀行の更新を断固拒否する姿勢を示したのです。米議会は公認延長を認める法案を可決しましたが、ジャクソンは大統領拒否権まで発動させて、抵抗しました。

それまで連邦政府の税収は第二合衆国銀行に預けられていましたが、ジャクソンは州銀行に移すように指示しました。それにより第二合衆国銀行は徐々に資産を失い、1836年に公認が切れて普通の銀行になり、その5年後に破たんしました。

1835年1月30日、ジャクソンがある下院議員の葬儀の後、議事堂を出ると、イギリス出身の元塗装工で失業中のリチャード・ローレンスが、ジャクソンに向けてピストルの引き金を引きました。しかし、不発に終わり、側近に取り押さえられて事なきを得ました。

ローレンスは、「自分はイギリス王の生まれ変わりで、ジャクソンは事務員に過ぎない」と妄想を口走っていたため、精神の異常を認められ、罰せられませんでした。なぜか大統領の暗殺未遂犯は、後のロナルド・レーガンのときと同様、精神異常で不問に付されるのが通例になっています。

アンドリュー・ジャクソンは無学で粗野な男だったかもしれませんが、アメリカの本当の敵は、ロンドン・シティーなどの金融資本であることを明確に意識していました。だから、未遂には終わりましたが、ジャクソンはアメリカ大統領史上初の暗殺のターゲットになったのです。

戦費調達のために財務省に通貨発行させたリンカーン

歴代のアメリカ大統領のなかで暗殺されたのは、第16代のエイブラハム・リンカーン、第20代のジェームズ・ガーフィールド、第25代のウィリアム・マッキンリー、第35代のジョン・F・ケネディの4人で、標的にされながら未遂に終わったのが、ジャクソンと第40代のロナルド・レーガンの2人です。

このうち、少なくともリンカーン、ケネディ、ジャクソン、レーガンの4人は、国際金融資本との対決姿勢を明確に示していました。

リンカーンはなぜ暗殺されたのでしょうか。

アメリカ史のなかでもっとも重要な出来事の1つが南北戦争ですが、北軍の勝利で終結する直前だった1865年4月14日、リンカーンはフォード劇場で観劇中に、俳優のジョン・ウィルクス・ブースに撃たれて死亡しました。

ブースは仲間と共謀し、リンカーンの他、ウィリアム・スワード国務長官とアンドリュー・ジョンソン副大統領を暗殺すれば、南軍が盛り返せると考えて暗殺計画を実行したとされています。しかしながら、犯行後の逃亡中に倉庫に立てこもり、奇兵隊の投降勧告に従わず、最後は銃撃されて死亡しているので、真相は闇の中です。共犯者らの裁判には、ブースの日記が証拠として提出されましたが、暗殺決行に至るまでの24ページ分が破り取られていたとされています。

私はこのリンカーンの暗殺にも、国際金融資本が関わっていると考えます。

南北戦争で南部はイギリスのロスチャイルド家から借金をして戦費を調達しました。このとき、ロスチャイルド家は30％もの利息を取ったと伝えられています。

一方、北部のリンカーンは、財務省に通貨を発行させて戦費を調達しました。

このときリンカーンが発給したドル紙幣は裏側が緑色だったため、「グリーンバック」と呼ばれ、グリーンではなくなった今もドル紙幣の通称呼称となっています。

しかし、政府が金融資本から借金をしないどころか、政府自身が通貨を発行し始めると、ロンドン・シティーの国際金融資本にとっては大きな痛手になります。なぜなら彼らは、民間の中央銀行を設立して通貨の発行権を握ってぼろ儲けしたいからです。

当時の「ロンドン・タイムス」の社説にはこう書かれています。

「アメリカ政府は通貨をコストをかけずに供給することになる。そうするとアメリカ政府は債務を完済し、債務のない国になる。アメリカ政府は商業活動上、必要なすべての通貨を所有することになり、文明国のなかで史上類のない繁栄を謳歌《おうか》することになる。すべての国も人材も富もアメリカ合衆国に移動してしまう。だから、アメリカ政府は打倒されるべきである。さもなければアメリカ政府は地上のすべての君主国を破壊するだろう」

この文言には非常に強い危機感がにじみ出ています。政府がみずから通貨を発行することは、国際金融資本にとって、それほど大きなインパクトを与える決断であり、イギリスの新聞は「アメリカ政府は打倒されるべき」とまで書いているのです。

リンカーンを排除したかった理由はここにあったのです。

政府紙幣を発行したケネディ

ジョン・F・ケネディは非常に国民の人気の高かった大統領で、その暗殺を巡っては実行犯の動機や経緯に謎が多かったために、多くの書籍でさまざまな推理が展開されてきました。

私はケネディ暗殺事件について、何か特別な秘密情報をもっているわけではありません。しかし、歴史は因果関係のなかで動きます。

1つの事件が起きたときに、誰が得をして誰が損をしたかという視点をもてば、公になっている情報だけでも、丹念につないでいくだけで、背後に何があるのかが見えてきます。

暗殺の背景には、やはり国際金融資本の意志があると私は見ています。

ケネディは大統領時代に、財務省証券という名の政府紙幣を発行しています。FRBが発行している紙幣とほぼ同じデザインですが、FRBのマークがなく、その代わりに「政府券」と印刷された紙幣で、42億ドル分が発行されました。FRBのもつ独占的な通貨発行の権利を脅かしたのです。

ケネディは1963年11月22日にダラスでのパレード中、銃撃により暗殺されます。暗殺犯として逮捕されたのは共産主義者とされるリー・ハーベイ・オズワルドという人物でしたが、彼はダラス警察署のなかでジャック・ルビーなる男に射殺されます。これは口封じと考えるのが妥当でしょう。

このルビーも、動機を「悲しんでいるジャクリーン夫人と子供たちのためにやった」と語っていますが、マフィアやCIA、キューバ人亡命者グループなどと深い関係にあったことが指摘され、誰もそんな理由を信じていません。彼は収監中、自分も暗殺されるという恐怖に怯《おび》えていたとされています。

ケネディが暗殺されたあと、副大統領から昇格して大統領の椅子に座ったリンドン・ジョンソンは、ケネディが発行したドル紙幣を密かにすべて回収しています。政府発行紙幣などなかったことにしたのです。ジョンソンが政府紙幣を回収した事実が、ケネディ暗殺の動機を何よりも鮮明に証明していると言えます。

ＦＲＢに疑問を持ったレーガン

レーガン大統領は、大統領選挙期間中からＦＲＢに対する疑念を口にしていました。大統領に当選したあと、当時のＦＲＢ議長だったポール・ボルカーに面会を申し込みましたが、ボルカーは拒否しています。ＦＲＢ議長は、大統領の面会要請を断れるほどの絶大な権力をもっているのです。

最終的にはボルカーも折れてレーガンとの面会に応じます。元ＦＲＢ議長のアラン・グリーンスパンの回顧録によれば、財務長官のオフィスでレーガンはボルカーとランチを取りながら、「ＦＲＢはなぜ必要なのかという質問をよく受けるのだが」と切り出したと書かれていて、その言葉を聞き、ボルカーは慌てた様子だったといいます。

ＦＲＢの存在に懐疑的だったレーガンは、大統領に就任してわずか２か月後の１９８１

年3月30日に、ワシントンD.C.で銃撃されました。

左胸部に銃弾を受けたレーガンは、重傷にもかかわらず意識がしっかりしていて、緊急手術を執刀する外科医に、「あなた方がみな共和党員だといいんだがね」とジョークを飛ばしたという逸話が残っています。肝の据わったレーガンらしいエピソードですが、本当なら、「あなた方がみな金融資本の手先でなければいいんだがね」と言うべきだったと思います。

犯人はジョン・ヒンクリーという男とされましたが、裁判では精神障害が認められて無罪になっています。

他のガーフィールドとマッキンリーについては、暗殺の真相についてはほとんど明らかになっていませんが、同じようにアメリカの影の支配者の虎の尾を踏んだ背景があったとしても不思議ではありません。アメリカの大統領は、政府が独自に紙幣を発行しようとしたり、民間資本の中央銀行を廃止させたり、規制したりすると、暗殺の危機にさらされるのです。

国際金融資本が創設した国際連盟

国際金融資本に逆らって暗殺の危機にさらされた大統領がいる一方で、その走狗《そうく》となってグローバリズムを推し進めてきた大統領もいます。むしろ、言いなりだった大統領のほうがはるかに多いでしょう。

その代表格が、第28代のウッドロウ・ウィルソンと言えます。先述した理想主義外交の代名詞になっている大統領です。

ウィルソンは、「戦争を終わらせるため」という理由で第1次世界大戦への参戦を決定し、「新世界秩序」を掲げてパリ講和会議を主宰して、国際連盟の創設を主張しました。

しかし、実際に国際連盟を発案したのは、ウィルソンの側近だった、投資家で国際主義者のバーナード・バルークです。国際連盟の初代事務総長や主要な幹部ポストも国際主義者で固められていました。

国際連盟の真の目的は、国際連盟規約という国際条約により、加盟各国の主権を制限することにありました。発案国でありながら、当のアメリカが加盟しなかったのは、連邦議会が否決したからです。上院の過半数は取れましたが、3分の2が必要で、そこまでは到達しませんでした。

ウォールストリートが金に物をいわせても、上院議員の全部は買収できなかったということで、アメリカの多くの議員は、国際連盟の真の目的に気づいていたのです。

国際連盟は世界の平和と協調を大義名分としながら、実態は加盟国の内政に干渉しようとするものです。国際的な紛争を解決すると言いながら、解決したことなどほとんどありません。

なぜ解決できないかというと、無関係な国が口を挟んでくるからです。

満州事変にしても、当事者である日本と中国とで話し合えば解決できたはずなのに、国際連盟が介入したことで、チェコやスペイン、ベルギーなどまったく関係のない国々がこの問題に口出しして、解決できなくなっていったわけです。

関係のない国々が議論に参加してくれば、一般に弱いほうの味方をする上、当事国も他国の支援を当てにして妥協を拒むケースが多く、紛争など解決できるわけがありません。

皮肉にいえば、紛争を解決しない、あるいは長引かせるためにつくられた国際機関と呼んでもいいでしょう。

国際連盟が恒久平和のための機関ではなかったことは、そのあと20年も経たないうちに第２次世界大戦が起きていることを見ても明らかです。

その後の国際連合や国際通貨基金（ＩＭＦ）、世界銀行、世界貿易機関（ＷＴＯ）なども同様に、グローバル市場達成のために各国の主権を制限しようとする国際機関だと言えます。

かつてネオコンは民主党の性だった

ウィルソン政権以来、のちにネオコンと呼ばれる勢力が大統領の背後に控えるようになりました。第２次世界大戦時代のルーズベルト大統領の側近も、国際主義者で固められています。

前述した通り、広大な国土のアメリカで、全米のすみずみまで行脚して選挙戦を戦う大統領選には莫大なお金がかかります。そこで、選挙資金を支援する見返りに、大統領のブレーンなどに国際金融資本の意を伝える者が側近として送られてくるわけです。

ブッシュ・ジュニア政権下のイラク戦争は、政権中枢にいたネオコンの意志で始まったとされ、「ネオコンといえば共和党」というイメージが強いですが、以前は逆でした。トロツキストの流れをくんでいるだけに、もともとは民主党と親和性が高く、ネオコンは〝民主党の性《さが》〟と呼んでもいいでしょう。それは〝戦争の性〟とも言えます。

第1次世界大戦への参戦を決めたウィルソンも、第2次世界大戦への参戦を決めたフランクリン・ルーズベルトも、民主党の大統領です。

ところが、民主党のジョン・F・ケネディ大統領と、その跡を継いだリンドン・ジョンソン大統領の時代に、ネオコンは民主党と決別して、共和党に鞍替《くらが》えしています。

ネオコンは明確に反ソ連の立場に立っていて、当時の民主党の対ソ連宥和政策に、大きな不満を抱いていたからだとされています。もちろん、完全に決別したわけではなく、民主党のなかにもネオコンは残っていて、ヒラリーもその影響下にある人物として分類されます。

しかし、共産主義者、社会主義者という根っこをもつネオコンが、なぜ反ソ連なのでしょうか。

その根底にはトロツキーとスターリンの権力闘争がありました。スターリンが勝ち、トロツキーは国外追放され暗殺されたという経緯を考えれば、ネオコンの反ソ連姿勢はむしろ当然のことと言えます。

しかも、スターリンのソ連は一国社会主義であって、グローバリズムではありません。ですから、そのスターリン路線を引き継ぐソ連に対して、ネオコンは激しい敵意をもっていたと考えられます。また、スターリン以降、ロシア革命を主導したユダヤ系ロシア人が、次々と粛正されていったことに危機感を募らせていったと考えられます。

その一方で、アメリカは第2次世界大戦のときは、「これは自由と民主主義を守る戦いである」と宣言しながら、全体主義、共産主義のソ連と手を組んでいます。これも矛盾していて、大きな謎と言えます。

主流派の歴史学者はどう説明するかというと、ドイツのヒトラーのほうがより問題が大きかったから、スターリンのソ連と組んだと言うわけです。

我々はそう洗脳されてきたのですが、果たして本当にスターリンよりヒトラーのほうが酷かったのでしょうか。

ヒトラーよりもスターリン

ヒトラーは、600万人ともいわれる膨大な数のユダヤ人を虐殺し、その行為は彼の異常性を語るときには常に俎上《そじょう》に上げられます。戦争における戦闘行為で多くの死者が出たのではなく、自国民であるユダヤ人に牙を向け、ホロコーストを実行したことが、指導者としての異常性を示すとされるわけです。ちなみに、当時ヒトラーのドイツにはユダヤ人は30万人しかいませんでした。だから、ヒトラーに虐殺されたのは、ドイツ外のユダヤ人がほとんどだったことになります。

しかし、単純に自国民を虐殺した数で比較すれば、スターリンのほうがはるかに多いのです。ロシア革命と共産主義体制下で殺された国民は、2000万人にものぼるとされています。虐殺者数だけですべてを比較することはできませんが、途方もない数の自国民を虐殺しているのは事実で、ヒトラーの国家社会主義よりもソ連共産主義のほうが、残虐で異常ではないかと私は思います。

スターリンによる大粛正は、その後の世界にも大きな影響を及ぼしました。

中国共産党は、毛沢東の指揮した大躍進運動と文化大革命で、1億人近い自国民を殺しています。カンボジアのポル・ポトは、原始共産主義社会の実現を唱え、カンボジアに知識人は必要ないとして、人口1000万人の国で200万人もの自国民を粛正しています。共産主義の異常性は際立っていると言えます。

自分の一方的なイデオロギーの実現のために、無辜《むこ》の民衆を虐殺することにまったく躊《ちゅう》躇《ちょ》しないのが共産主義で、それがネオコンに受け継がれているのです。彼らが戦争を好み、世界を混沌に陥れようとしているのは、まさに〝共産主義の血〟を受け継いでいるからです。

しかし、なぜスターリンよりヒトラーが問題視されたのかというと、やはりナチス・ヒトラーが殺したのがユダヤ人だったことが大きいと言えます。虐殺対象はユダヤ人だけでなく、ロマや精神病患者なども含まれていましたし、600万人という数字にも異論が存在しますが、象徴的な意味で「ユダヤ人虐殺」のヒトラーは人類の敵であると位置づけられたのです。

アメリカ、ソ連双方に影響を与えたのが国際金融資本だったとすれば、両国が手を組むのは、ある意味、当然だったのです。問題は、「ソ連体制、共産主義のほうが、人類にとって有害である」という認識より、「ヒトラーのユダヤ人虐殺」にだけスポットが当たり、共産主義の危険性に関する議論が、今日に至るもほとんど行われていないことです。

中国の共産化に日本を利用

なぜ議論しないのかというと、それをするとフランクリン・ルーズベルトの判断が間違っていたことになり、ひいては、対日戦争も間違いだったという結論に行き着いてしまうからです。

当然、私はルーズベルトの対日戦争目的は間違いだったと認識していますが、アメリカでこうした議論をしても、主流の歴史学者は認めません。

これはアメリカの歴史認識の根底にある問題で、ルーズベルトの戦争目的や、彼がソ連との協力を選んだことなどに疑問を呈する人は、歴史修正主義者の烙印《らくいん》を押されます。安倍首相が「戦後レジームからの脱却」を宣言したり、靖國神社に参拝して、歴史修正主義者と呼ばれたのと同じです。

しかし、ルーズベルトが取り巻きの国際主義者、共産主義者たちの言いなりだったことは、さまざまな証言からすでに確定した事実と言えます。ルーズベルトの女婿のカーチス・ドールは、著書『操られたルーズベルト』（馬野周二訳、プレジデント社）で、彼が国際金融資本の言いなりだった実態を生々しく証言しています。

本書でドールはこう述べています。

「ルーズベルト大統領——国際金融勢力の「代理人」——がアメリカ人をいかに操縦して第二次世界大戦に入らせたかについての真相は、最大の重要性を持っております。両国（注：日本とアメリカ）の普通の人たちが、この戦争とその原因の恐るべき教訓を理解することが、もっとも重要なことです」

では、日本とアメリカが戦争を始めた真相とは、何だったのでしょうか。

ルーズベルトを操っていた国際主義者らは世界を共産化しようと目論んでいて、ソ連が誕生しただけでは満足しませんでした。そこで、次に中国を共産化するため、ソ連を南下させようと考えました。ところが、そこに立ちはだかったのが日本でした。

彼らは、国民党の蔣介石《しょうかいせき》を日本と戦わせて疲弊させ、中国共産党に政権を握らせるというグランドデザインを描きました。そのうえで、アメリカが日本と開戦し、息の根を止めるという戦略です。

ルーズベルトは日本にアメリカを先制攻撃させるため、日米通商航海条約を破棄し、石油の対日輸出を禁止しました。日本は石油の約８割をアメリカから輸入していたため、日本経済は大混乱に陥り、途方もない打撃を被りました。これは不戦条約に照らしても、日本に対する宣戦布告に等しい措置と言えます。

その戦略に不用意に乗せられた日本は、真珠湾攻撃によって、日米戦争の火ぶたを切ってしまいます。

このとき、日本の宣戦布告が遅れたとされていますが、アメリカ側は日本軍の暗号を解読し、攻撃があることを知っていました。しかし、その情報をハワイの海軍司令部には伝えず、日本に好きなように攻撃させました。日本軍を返り討ちにしたら、アメリカ世論に火をつけることができないからで、ルーズベルトは「日本の騙《だま》し討ちに遭った」と喧伝《けんでん》し、世論を一気に参戦へと誘導したのです。

しかし、冷静に歴史を眺めれば、日本はアメリカと戦争をしなければならない理由など

1つもありませんでした。日本の生存を脅かす経済制裁を受けたから、やむなく自衛のために戦争を始めただけです。

アメリカにしても同様で、日本と戦争をしなければならない理由は何もなく、実際、アメリカ世論は、参戦には否定的だったのです。

前掲の『操られたルーズベルト』で、ドールはこう述べています。

「彼（注：ルーズベルト）は同時にチャーチル首相になんとかして我々の国を戦争に持ち込もうと約束していた。彼は首相に『私は決して宣戦はしない。私は戦争を作るのだ』と語っているのです」

ルーズベルトは戦争をする正当な理由が何もないので、日本に先制攻撃をさせるように誘導し、「自由と民主主義を守る戦いだ」という漠然とした理念を掲げました。厭戦《えんせん》気分の世論を不意打ちに対する怒りで喚起させ、参戦に持ち込んだのです。しかし、「自由と民主主義を守ること」が戦争の理由なら、真っ先に打倒すべきは、独裁者スターリンのソ連だったのではないでしょうか。

こうした歴史の真実は、アメリカでも日本でもほとんど議論されません。

ソ連が崩壊して以降、それまで表に出てこなかった資料が公開されるようになり、また、アメリカにおいても50年を超えた機密文書は順次公開されていくので（ただし、機密度により非公開とする年数は異なる）、新たな歴史的な真実が次々に発見されています。しかし、アメリカの学者らはそうした資料から改めて議論をしたりはしません。日本でもそうですが、アメリカでも歴史家と呼ばれる人々の多くが、明らかにイデオロギーに基づいた歴史解釈をします。

第2次世界大戦を戦ったアメリカは正しかったという歴史解釈を曲げるわけにはいかず、否定する者は歴史修正主義者として排除しなければならないと考えているのです。

なぜかと言えば、彼らの究極の目標であるワン・ワールドがまだ実現していないからです。ルーズベルトが間違っていたとなると、世界を欺いてワン・ワールドを推進するために築き上げてきた理論や歴史解釈が崩壊してしまうのです。

朝鮮戦争は米ソの八百長

第2次世界大戦後に起きた朝鮮戦争も国際金融資本の謀略の1つと言えます。

朝鮮戦争が起きたきっかけは、アメリカのディーン・アチソン国務長官が、1950年にナショナル・プレスクラブで「アメリカのアジア防衛線には南朝鮮を含めない」と演説したことです。北朝鮮に南への侵攻を誘っているのです。北朝鮮軍は誘いに乗って、韓国への侵攻を開始しました。

そこで、GHQの最高司令官だったダグラス・マッカーサーが、国連軍司令官として朝鮮戦争の指揮をとります。しかし、国連の安全保障理事会の常任理事国にはソ連が入っていたので、拒否権を発動していれば国連軍を編成することはできなかったはずです。なぜできたのかというと、編成を決めた安全保障理事会にソ連代表が欠席していたからです。

そんなに都合良く欠席するわけがなく、ソ連外相だったアンドレイ・グロムイコの回想録には、スターリンが欠席を促したと書かれています。アメリカとソ連が裏でつながっていたというのは、こういうことです。朝鮮戦争は裏で通じていた米ソの八百長でした。

マッカーサーはそんな事情を知る由もなく、北朝鮮軍と中共義勇軍を叩いて追い出せば、共産主義の拡大を防げると考えていたのでしょう。中共義勇軍が鴨緑江《おうりょくこう》を渡って侵入してくるので、その河にかかる橋を破壊すれば、軍事支援を分断できると考え、ワシントンに作戦の許可を得ようとしましたが、不思議なことに許可されなかったのです。

マッカーサーは回顧録で、軍人として勝つための戦略を考えてワシントンに許可を求めても、すべてノーと言ってくると憤慨しています。蔣介石の国民党軍が国連軍への参加を申し出ているのに、アメリカが拒否したことも不審に思っていました。

毛沢東の共産党を支援したアメリカの国際主義者らは、蔣介石の国民党には冷淡で、国民党軍を国連軍に編入することなど考えていなかったのです。

最終的にマッカーサーは司令官を解任されてしまいます。有能で頑張りすぎる司令官は不要とされたのです。

彼はそこで初めて、自分はアメリカのエスタブリッシュメントのメンバーではなかったことに気づいたようです。朝鮮戦争の目的を理解したマッカーサーは、1951年5月3日の米議会上院軍事外交委員会で、大東亜戦争が起きた理由に関する重要な証言をします。「日本が戦争に飛び込んでいった動機は、大部分が安全保障の必要に迫られてのことだった」と、日本側の大義を認める証言をしたのです。祖国に裏切られたマッカーサーは、大東亜戦争の真実を暴露したのでしょう。

ベトナム戦争は自国を弱体化させるため

ベトナム戦争も、冷戦下に起きた米ソの実質的な対決でしたが、これも八百長です。公開されている情報のなかにも、はっきりとした証拠があります。１９６６年10月にジョンソン大統領は米ソの貿易促進を理由に、あろうことか、敵国であるソ連に３００億ドルもの融資をしているのです。

ソ連はその融資で、「非戦略物資」をアメリから輸入できることになりましたが、その「非戦略物資」の範疇《はんちゅう》には、石油や航空機部品、レーダー、コンピュータ、トラック車両などが含まれました。これらはどう考えても戦争に利用できる「戦略物資」であり、ソ連はアメリカから融資された３００億ドルで、事実上の軍事物資を輸入し、アメリカと戦っている北ベトナム軍にせっせと送ったのです。

米軍はまぎれもなく世界最強の軍隊ですが、その米軍が全面的に介入したにもかかわらず、戦争は10年以上も続き、最終的に北ベトナム軍に敗北しているのです。

常識で考えれば、何かがおかしいと感じるのが普通ですが、戦争相手の北ベトナムにはソ連だけでなく、アメリカ自身が軍事的に支援し、かつ南ベトナムへの支援では手を抜いていたのでしょう。いつまで経っても決着がつかないのは当たり前です。

これらの戦争を起こしてきたのは、民主党政権です。近年、戦争を起こしているのは共和党政権ばかりですが、かつて民主党は〝戦争の政党〟で、第1次世界大戦と第2次世界大戦、朝鮮戦争、ベトナム戦争を始めたのは、みな民主党政権でした。前述したようにトロツキストを源流とするネオコンは、もともと民主党と親和性が高く、〝民主党の性〟だったからです。

しかし、それが事実だとすると、ネオコンは何のためにアメリカ自身を戦争に巻き込み、長期化・泥沼化させるのか、疑問に思うのが当然です。

その答えは、世界をワン・ワールドにするには、アメリカが強い国家であってはならないから、ということになります。

ベトナム戦争が始まるまでのアメリカは、キリスト教的な倫理意識が強い、非常に健全な国家でした。第2次世界大戦が終わった頃には、アメリカは世界の富の半分を握っているといわれるほど豊かで、国民の国家意識は高く、非常に愛国的でした。

そういう強い国が、さらに強くなっていくのは都合が悪いのです。

ベトナム戦争によって国論は二分されて社会に対立が起き、反戦運動が高まり、国家は疲弊し、麻薬やドラッグの蔓延《まんえん》で国民は退廃していきました。こうした混乱のなかで、特定の意図をもった人々が社会の要職を占めていき、支配体制を確立していきました。

国際主義者、国際金融資本家、ネオコンというのは、アメリカに住み、アメリカ国籍をもっているかもしれませんが、決して愛国者ではありません。彼らは、アメリカに寄生しているだけで、世界がワン・ワールドになるためには、健全なアメリカ国家を崩壊させ、世界を平たくならしていく必要があると考えています。その目標は、決して世界唯一の超大国「アメリカ帝国」を築いて世界を支配することではないのです。

アメリカとソ連が通じていたことはすでに述べましたが、ベトナム戦争の例を見れば、東西冷戦そのものが八百長だったことがわかります。あたかも東西冷戦という対立構造があるかのように両国が振る舞い、軍拡競争を繰り広げることで、軍産複合体と一体化している国際金融資本が巨万の富を得て、アメリカの支配層へとお金を環流し、さらに強固な支配を築き上げていったわけです。

無政府状態にして放置

ネオコンは世界中に無法地帯、無政府地帯ができることを望んでいます。

ヒラリーが主導した「アラブの春」の結果を見れば、アラブに無政府状態を生み出しただけで、ただただ世界に混乱をもたらしたに過ぎないことがわかります。

20年ほど前に、内戦状態になっていた東アフリカのソマリアに国連PKOが介入ましたが、ゲリラの攻撃を受けて撤退しました。ソマリアは無法地帯にされて放置され、今は商船を襲って積み荷を奪う海賊が跋扈《ばっこ》しています。

有志連合でソマリアをいったん占領して、まともな政府をつくり、海賊や武装勢力を一掃してしまえばいいのに、そうはしません。無法地帯にしてそのままほったらかしです。海賊に投資する投資家さえいて、破綻国家もビジネスのネタに利用するのです。

カダフィ政権が倒されたリビアも同じで、イスラム過激派が跋扈して、周辺国も含めて無法地帯になりつつあります。同時にリビアからの難民が地中海を渡ってヨーロッパに流れ込んでいます。シリアやイラクからだけでなく、リビアからも難民が流入し、EUが揺らいでいるのはご存じの通りです。

ネオコンにとっては、中東を混乱させ、難民をヨーロッパへ送り込み、またテロの恐怖を植えつけることは、彼らの世界戦略を実現するうえで必要な1つのステップだと言えます。

このような世界を別の視点から見れば、グローバリズム（国際主義）対ナショナリズム（愛国主義）の戦いです。世界を無法地帯にしてワン・ワールドにしようとする者と、自分の国を守ろうとする者の戦いです。世界を無法地帯にしようとしているのが、アメリカのネオコンであり、国際主義者なのです。

第4章 接近する米露、孤立する中国

エリツィンが新興財閥を生み出した

アメリカのネオコンは今も、ワン・ワールドを実現するための策謀を繰り広げています。彼らにとって、現在の最大の敵は「プーチンのロシア」です。世界を無国籍化するためには、ロシアのような大国で、彼のような愛国者が力をもつのは非常に都合が悪いのです。クリミア併合を理由に、アメリカやEU、そしてこの日本も、ロシアに対して経済制裁を発動しています。後ほど詳述しますが、そもそも発端となったウクライナ危機は、ネオコンがプーチンを打倒するために仕掛けた罠なのです。ネオコンはありとあらゆる手段を使って、プーチンを倒そうとしています。

ではなぜ、プーチンはそれほどネオコンから忌み嫌われているのでしょうか。

プーチンの前の大統領、ボリス・エリツィンは、アメリカ、というより、ネオコンにとって非常に都合のいい指導者でした。ミハイル・ゴルバチョフによるペレストロイカで1991年にソ連が崩壊してロシアになり、エリツィンが大統領になると、アメリカはジェフリー・サックスという国際主義の経済学者をリーダーとするアメリカ人顧問団をロシアに送り込みます。そして、一夜にして価格統制を廃止し、市場経済を導入するというショック療法を施《ほどこ》したのです。

さらに彼らは「バウチャー方式」という手法で、ロシア国営企業の民営化を推し進めました。これは、政府が国民に対し、一定金額のバウチャー（民営化証券）を配布し、民営化された企業の株式と交換できるようにする方式です。表向きの導入理由は、「従業員は自分が働いている会社の株式をバウチャーによって取得して株主になるので、働くモチベーションが上がる」というものでした。

しかし、現実には商才に長《た》けた連中が、株式の意味がわからない国民からバウチャーを安く買い漁っていきました。そして、買い集めたバウチャーで国営企業を払い下げてもらってオーナーとなり、新興財閥として成長していくのです。

モスト銀行をはじめとしたモスト・グループの総帥、ウラジーミル・グシンスキーや、自動車販売会社ロゴヴァスグループのボリス・ベレゾフスキー、石油会社ユコスグループのミハイル・ホドルコフスキーなど、こうした新興財閥（オリガルヒ）のほとんどがユダヤ系です。エリツィンとアメリカ政府によって、ロシアに新興財閥が次々と誕生していったのです。

莫大《ばくだい》な富を独占した彼らは、エリツィン大統領を全面的に支援し、政治にも強い影響を及ぼすようになりました。

オネクシム銀行を創設したインターロス・グループのウラジーミル・ポターニンは、1996年の大統領選で、エリツィンを全面的に支援した功績を認められて第1副首相に就任し、ベレゾフスキーも同様に選挙協力の論功行賞で、ロシア安全保障会議副書記やCIS（独立国家共同体）執行書記を歴任しています。

新興財閥は、「政商」として富を独占したため、ロシアの一般大衆から激しい批判にさらされるようになります。

ネオコン最大の敵はプーチン

そんななかで登場したのが、ウラジーミル・プーチンでした。

ロシア民衆の支持を受けて大統領に就任したプーチンは、新興財閥に対し、「ビジネスをするのは認めるが、政治に口を出すな」と釘を刺しました。しかし、新興財閥の側はプーチンを軽く見ていたのでしょう。その指示を無視してやりたい放題を続けたので、プーチンの逆鱗《げきりん》に触れます。

プーチンはロシア検察当局を使い、強引な手法ではありますが、新興財閥を詐欺や脱税などの容疑で次々に摘発し、つぶしていきます。そんななかで、最後まで抵抗を続けたのが石油会社ユコスのホドルコフスキーでした。彼は、プーチン政権批判を強め、野党に資金援助し、ロシアの石油開発利権を有する自分の会社を欧米メジャーのエクソン・モービルやシェブロンに売ると挑発したり、2004年の大統領選に出馬することまで宣言しました。

そこでプーチンは、2003年10月、ホドルコフスキーをタックスヘイブンの秘密口座を使って脱税をしているという容疑で逮捕・起訴します。ホドルコフスキーは裁判で有罪判決を受け、シベリア送りにされています。

この2003年の事件を契機に、アメリカとロシアの新たな冷戦が始まったと、私は考えています。ネオコンのアメリカと、プーチンのロシアの対決構図です。

2003年という年には、イラク戦争が始まっています。イラク戦争はご承知のように、サダム・フセインに大量破壊兵器の製造をやめさせるという建前で、世界第2位の原油確認埋蔵量を誇っていたイラクの石油利権を押さえるための戦争でした。

同時に、イラクにシーア派の政権を樹立し、中東を不安定化させるのも目的でした。その結果、シーア派の政権から追い出されたスンニ派の旧政権の勢力が、ＩＳを組織し、イラクと隣国のシリアで暴れ回っているわけです。

イラク戦争を始めたブッシュ・ジュニア政権は、まさにネオコンの政権で、ディック・チェイニー副大統領をはじめ、ドナルド・ラムズフェルド国防長官、ポール・ウォルフォウィッツ国防副長官、ダグラス・ファイス国防次官など、政権中枢はネオコンの影響下にある人だらけでした。彼らの多くは、石油利権にも浴しています。

それ以前から続くネオコン政権が、湾岸戦争を皮切りに、イラク戦争、そして「アラブの春」と、中東を不安定化するための謀略を繰り返してきたのです。

「アラブの春」が中東に混乱を

「アラブの春」はオバマ民主党政権に移ってからですが、イラクから米軍を撤退させることで同国に混乱をもたらし、ISが誕生する素地を作り出したことを見れば、やはりオバマもネオコンの影響下にあったと言えるでしょう。

エジプトのムバラク政権、チュニジアのアリー政権、リビアのカダフィ政権が、「アラブの春」によって倒されましたが、こうした国々のいわゆる世俗の〝独裁政権〟が民主化されて平和と安定を得たのかといえば、むしろ逆で、混乱の極みに陥っています。

歴史上の事件は、「それで誰が得をしたのかを見定める必要がある」と述べました。アラブが混乱して得をするのは誰かと言えば、むろんイスラエルです。世界が混沌に陥ることを望んでいるのは、ネオコンであり、国際主義者です。

「アラブの春」の次の目標はシリアでした。シリアも比較的まともな世俗政権で、アサド大統領の下で安定していました。シリアはロシアとも深く関係してきます。シリアはロシアと伝統的に友好関係にあり、タルトスにはロシアの軍港があります。そのシリアが揺らげば、プーチンのロシアも介入せざるを得なくなります。

ネオコンはアサド政権を崩壊させようと反体制武装勢力を支援してきましたが、この5年間、アサド政権はもちこたえてきました。

2013年夏に、アサド政権が化学兵器を使用したという理由で、オバマは軍事介入して空爆すると宣言しましたが、イギリス議会の反対などもあって、結局、中止します。これは非常に珍しいことで、アメリカ大統領が「やる」と宣言しながら、外国の議会に反対されて「やっぱりやめる」となったため、世界のリーダーとしてのオバマの権威は失墜しました。

ネオコンはオバマに失望しました。オバマの力で世界をグローバル市場にすることは不可能になったので、ウクライナに対する謀略に転換したのです。

ウクライナに引きずり込まれたロシア

2013年末からのウクライナ危機は、ネオコンがプーチンに仕掛けた罠でした。

ウクライナ危機の発端は、親ロシア路線を選んだビクトル・ヤヌコビッチ政権に対し、抗議デモが発生し、デモ隊内の過激派分子が発砲して、国内が大混乱に陥ったことです。ヤヌコビッチ大統領は逃亡し、反ロシア路線の政権が誕生しました。

しかし、市民のデモなどを扇動して、親ロシア政権に揺さぶりをかけていたのがネオコンです。これには確かな証拠があります。

アメリカのビクトリア・ヌーランド国務次官補が反ヤヌコビッチのデモ隊と一緒に行進し、クッキーを配って歩く映像が、地上波テレビで放映されています。さらに彼女は、ヤヌコビッチ政権を倒したあと、どんな政権をつくるかについて、パイエト駐ウクライナ・米大使と電話で話し合いました。その内容は、ヤヌコビッチのあとはヤツェニュークにするというもので、その様子がＹｏｕＴｕｂｅにアップされています。実際に、暫定政権の首相にヤツェニュークが就任しています。

国務省の報道官もそういう会話があったのは事実だと認めています。信じがたい話ですが、ウクライナの政府転覆を画策し、その後の政権をどうするか決めていたのはアメリカなのです。

新たに誕生した反ロシア政権が、ウクライナ東部のロシア系国民を弾圧し始めたために内戦状態になりました。さらに、セバストポリ軍港のロシアへの貸与をやめると言い出したため、プーチンは先手を打ってロシア系住民を救出するために、クリミアで住民投票をさせ、ロシアに編入させたわけです。

これが欧米メディアの手にかかると、まったく逆の話になります。まるでロシアが領土的野心をもってウクライナに軍事侵略したかのように語られます。

しかし、クリミア半島というのは、もともとはロシア帝国の領土で、ウクライナの南にあるというだけで、それほどウクライナとは関係のない地域です。住民も6割がロシア系です。

ですから、ロシアはソ連崩壊以降、ずっとウクライナに対してクリミアの返還を訴えてきました。そこで住民投票を実施して、ロシアに編入したわけですが、こういう経緯を無視して、アメリカはいきなり拳を振り上げて制裁を発動させました。最初からロシアと話し合う気などなかったのです。

2008年にロシア軍がグルジアに侵攻したときには、アメリカは何も制裁を加えませんでした。原因はグルジア側が紛争地域に駐留していたロシア平和維持軍に発砲したことでした。これに反撃してロシアは正規軍をグルジアの領土に侵攻させたわけで、グルジアを長期占領しなかったものの、これは明確な侵略行為にあたります。ところが、当時のブッシュ政権はこの問題に冷淡で、ほとんど何も手を打たず、EUの議長国だったフランスのサルコジ大統領が飛び回って停戦を合意させました。

それから6年後のウクライナ危機では、アメリカのやり方がまったく変わったのです。なぜ変わったのかというと、その6年の間にネオコンのロシアに対する方針が変わったからです。プーチンを追い詰めて失脚させるという方針に転換したのです。

オレンジ革命とは何だったのかを考えれば、おのずとアメリカの意志が見えてきます。

親露派のヤヌコビッチが２００４年11月の大統領選挙に勝利しましたが、野党は投票に不正があったと騒ぎ、激しいストライキや座り込み、デモを起こします。それをＥＵやアメリカはオレンジ革命だともてはやし、全面的に支持しました。その結果、同年12月に再投票が実施され、親欧米派のヴィクトル・ユシチェンコ大統領が誕生しました。

私はユシチェンコ大統領当選の1年後にウクライナ大使として赴任しましたが、ユシチェンコ政権は成立直後から内紛が起き、首相が3人も交代するなど革命を支持していた民衆も離反し、支持率は一桁台にまで落ち込みます。そして、２０１０年の選挙で、ヤヌコビッチ大統領が当選したのです。

別に親露派の大統領だったからウクライナの民主化が進まなかったなどということはあ

りません。それなのに、またもや激しい反政府デモが起きるわけです。

ウクライナの市民の声を聞くと、オレンジ革命のときにEUやアメリカは、やれ民主化だ革命だと煽《あお》るだけ煽ったのに、いざ反ロシア派の政権が樹立されると、まったく支援をしてくれなかったことに、非常に不信感をもっています。EUは自分たちを利用している、差別しているとまで言う人もいました。

プーチンを押さえ込むために、ウクライナを利用しているだけなのです。真面目に支援しているのは日本だけです。だから、プーチンは日本に感謝しているはずです。

実際のところ、ウクライナ危機を本当に終息させたいと考えているのはプーチンです。国境を接するウクライナが内戦状態になって混乱を続けるのは困るからです。

当然、東ウクライナを併合しようなどとは微塵《みじん》も考えていません。ロシアにとって都合のいいウクライナとは、あくまで平穏無害な中立国で、NATO側と直接対峙することを避けるための緩衝地帯になる国です。だから、ロシアにとって東ウクライナを併合していいことなど何1つありません。

その国にわざわざ火種をまいて火事を起こしたのがアメリカで、ロシアを介入させて一挙にプーチンを引きずり降ろそうとしているのです。

なぜアメリカはここまでロシアにこだわるのかというと、ロシアを制することこそが、世界にグローバリズムを貫徹させるうえでの鍵になるからです。

ハルフォード・マッキンダーという20世紀初頭の有名なイギリスの地政学者は、「東欧を支配するものがハートランドを制し、ハートランドを支配するものが、ユーラシア大陸を制し、ユーラシア大陸を支配するものが世界を制する」と言っています。「ハートランド」とは、「ロシア」と「ウクライナ」を合わせた地域を指します。

この言葉を聞くと、「だからロシアはウクライナを……」と勘違いする人がいますが、その解釈は間違いです。「ハートランド（ロシアとウクライナ）を支配する」のは外部勢力であり、マッキンダーはイギリス人なので、「大英帝国は、ハートランドを支配すれば、世界を支配できる」と言っているのです。

今で言えば、ウォールストリートが世界を押さえるためには、ロシアを押さえなければならないという意味になります。ところが、プーチンがグローバリズムに反対する愛国者であるということが、ロシア支配をめぐる攻防を激化させているのです。

そして、もう1つ理解しておきたいのは、ロシアには世界を支配しようという気などないということです。アメリカのメディアは「プーチンが世界征服をたくらんでいる」、「過去のソ連の栄光を復活させようとしている」などと言いますが、ロシアというのは非常に広大な国で、私も住んだことがありますが、彼らにとってはロシアが1つの世界であり、その外側の世界には本来、あまり興味がありません。共産主義の膨張主義が東側世界を拡張しようとしていただけで、今はもう支配する気などありません。プーチンはトランプと同じで、むしろ一国平和主義に近いと言えます。

そもそも、領土編入はしないまでも、これまでアフガニスタンやイラクに軍事介入し、東欧カラー革命や「アラブの春」で他国の政権を転覆させる謀略を繰り広げてきたアメリカに、ロシアを批判する資格などありません。ここでも我々はメディアに騙されているのです。

シリア紛争での米露の違い

プーチンを無理やり巻き込んで追い詰めるために、ネオコンは、まずウクライナで紛争を起こすのに成功しました。

2014年に入ると、突然、またもや中東で紛争が拡大します。今度はISなる組織が活発化し始め、6月にイラクの人口200万人の大都市、モスルを占領します。ISの活動はシリアにも及びました。そこで、アメリカが有志連合を募り、今度はアサド政権ではなく、ISへの空爆を開始しました。しかし、ほとんど成果が上がりません。

そこで、2015年9月からロシアが空爆に参加することになりました。不思議なことに、ロシアが参加したとたんに空爆の精度が上がり、ISやアルカイダ系のヌスラ戦線に大打撃を与え、勢力を一気に後退させていきます。

アメリカはそれまで真面目に空爆をせず、やっているふりをしていただけなのです。本気でISをつぶすつもりなどなかったことがこれでわかりました。

ですから、私はISという組織の勃興に関しては、ネオコンの関与を疑っています。

ISという組織自体、謎が多すぎます。イスラムの専門家らは「カリフ国家を再興するのが目的で、自然に発生した」と言いますが、なぜ〝今〟なのか、そして、〝誰〟がつくったのかについては、明確な答えがありません。

短期間であれほど巨大で、それなりに訓練された組織をつくり上げることは、ぽっと出のアラブの過激派組織にできることではありません。莫大な資金も必要です。

よほど指導者層が優秀なのかと思いきや、ウサマ・ビン・ラディンのようなカリスマ性のある人物は見当たらず、世間では名前もほとんど知られていません。そんな不可解な組織が、突然現れたのです。

そもそも、みずから理想とするカリフ国家を建設し、かつてのイスラム帝国を再興しようという希望に燃えた組織が、あれほど無残に無辜《むこ》の民間人を手にかけたりするでしょうか。むやみやたらに敵を増やしているだけで、それにいったい何の意味があるのでしょう。

私は、歴史上の事件を読み解くには、その事件によって誰が得をしたのかに着目すべきだと述べました。

イスラムの過激派団体であれば、「イスラエル殲滅《せんめつ》」や「パレスチナとの連帯」を口にするのが普通ですが、ＩＳは「シーア派の打倒」をスローガンにしています。カリフ国家の建設という壮大な夢を掲げながら、なぜかやっていることは異教徒や同じイスラム教の他宗派の虐殺で、結局、イスラム教同士の宗教戦争を引き起こしているのです。

２０１４年6月にＩＳがモスルを占領し、世界中が大騒ぎになると、その直後の7月にイスラエルがガザに侵攻しています。あまりにタイミングが良すぎると思いませんか。

ＩＳが宗教戦争を始めてシリアを蹂躙《じゅうりん》し、誰が得をしたかといえば、イスラエルです。そして、イスラエルと連携しているアメリカのネオコンです。

ＩＳを支援するアメリカ

イラクのスンニ派政権を武力で破壊し、ＩＳが誕生する素地をつくったのはアメリカですが、それどころか、ネオコンはＩＳを積極的に支援しているとしか思えないような事件も起きています。

２０１４年10月には、米空軍のヘリが、反アサドでＩＳとも戦っている反政府勢力に供給するため、武器や軍事物資を運んでいたところ、〝誤って〟ＩＳの支配地域に落下させるという事件が起きています。米軍機がＩＳ支配地域に軍事物資を運んでいるのを見たという目撃情報は、他にも多数あります。

ＩＳに対する米軍の空爆でも、〝誤って〟アサド政権の拠点を攻撃したことは1度や2

度ではありません。こういうことを堂々とやっているのです。

ロシアが空爆に参加した2015年9月のおよそ1か月後の10月31日、ロシアの航空会社の旅客機がシナイ半島で爆破されました。このとき、最初に爆破テロだと言い出したのは、アメリカとイギリスの諜報機関でした。

ロシア側は慎重な姿勢で、当初、テロと断定するのは避けていましたが、米英が先んじてテロだと言い出しているのです。まるで最初からテロが起きることがわかっていたかのようです。ロシアに対して、「空爆に対する報復テロだ」と騒ぐのは、ロシアに報復攻撃を促しているようにさえ見えます。

その後、ISが犯行声明を出し、ボイスレコーダーの解析などにより、ほぼ爆破テロであることは断定されました。米英の諜報機関の言うとおりでした。

しかし、奇妙なのは、空爆を始めてわずか1か月でロシアは報復テロを受けているのに、アメリカはいまだにテロ攻撃を受けていないことです。ISに触発された模倣犯のようなテロはありましたが、組織として関与した大規模テロは起きていません。なぜ報復しないかを考えれば、おのずと理由は見えてきます。

ＩＳのような大きな組織をつくり、運営していくには、当たり前のことですが、莫大な資金が必要になります。武器や弾薬など軍事物資を調達したり、兵士を集め、部隊を訓練し統率できる人材をリクルートしたりするには、お金が必要です。

私の実務的な経験から言えば、ただのデモであっても、誰かがお金を出さないと起きません。オレンジ革命でもそうでした。過激派組織であっても、誰かが武器や資金、人材、情報などで支援してやらなければ、存続し続けられません。

「ＩＳはシリアの油田を押さえて資金源にしている」と言われ、確かに資金源の一部になっているという見方はできるかもしれませんが、石油の生産や精製には技術者が必要で、それを運び出してマーケットで売らなければお金にはならないのです。石油会社でもないＩＳにそんなことができるのか、はなはだ疑問ですし、仮に不完全ながらそれができたとしても、問題は誰が買っているかです。

ネオコンの息がかかった企業が石油を購入し、資金提供していることもあり得ます。油田を隠れ蓑《みの》に使っている可能性があるのです。

ネオコンはアサド政権もＩＳもアルカイダ系のヌスラ戦線も、互いに戦わせて疲弊させることを狙っていると考えられます。シリアを無政府状態にするのが目的です。

それは第2次世界大戦中に、中国大陸で日本軍と国民党軍を戦わせて疲弊させ、漁夫の利で共産党に政権を樹立させたのと同じ手口です。シリアの内戦で漁夫の利を得るのは、イスラエルです。ISが生まれてシリアで暴れ回ったことで、誰が得をしたかを考えれば、アメリカのネオコンが支援していたとしても、なんら不思議ではありません。

ISへの支援を指示しているのが誰かは現時点では不明ですが、1つ確実に言えるのは、一連の「アラブの春」の謀略で、ヒラリーがリビアのカダフィ政権転覆に関与していたのは第1章で述べたとおりです。ネオコンの走狗《そうく》となることで、その全面的支援を受けて、大統領の座につくことを狙っていたのです。

トルコクーデター未遂の影にもグローバリスト

さらに「アラブの春」はシリアからトルコにまで飛び火しました。

トルコは正式な北大西洋条約機構（NATO）の一員であり、これまでプーチンはNATOとの直接対決を非常に慎重に避けてきました。しかし、NATO側、つまりネオコン側から見れば、プーチンにＮＡＴＯ諸国に軍事介入させて、逆に叩く口実が欲しいわけです。

２０１５年11月24日に、トルコとシリアの国境付近で、ロシア空軍の戦闘機がトルコの領空を侵犯したとの理由で、トルコ軍に撃墜される事件が起きました。

この事件により、ロシアとトルコの関係は険悪化し、プーチンはトルコ産品の輸入禁止や制限、トルコ企業のロシアでの活動の制限、トルコ人労働者の新規雇用禁止などの制裁を発動し、「トルコはＩＳから石油を密輸している」などと非難しました。

トルコ側は国籍不明機２機が領空侵犯したので、警告を10回したが、領空侵犯を続けたので１機を撃墜したと主張しています。しかし、ロシア国防省が撃墜された機体から、飛行データを記録するブラックボックスを回収したところ、破損していたと発表され、真相は闇に葬られました。

あまりに疑問が多いので、その後の経過を注視していたのですが、２０１６年７月15日にトルコで軍によるクーデター事件が起きたことで、真相が明確になりました。

つまり、ロシア空軍機を撃墜したトルコ軍パイロットは、反エルドアン派だったのです。

このパイロットはクーデターの罪で逮捕されています。

トルコとロシアが関係修復に失敗し、ロシアがトルコに軍事的な報復にまで出れば、晴れてNATOはロシアに軍事的な行動を起こせます。逆に言えば、トルコ軍内にまでネオコンの工作が進んでいるのです。

幸いにもクーデターは未遂に終わり、エルドアン大統領はロシアとの関係を正常化し、ロシア側も段階的に経済制裁を解除していますが、2016年12月19日にはトルコの首都アンカラで、ロシアのアンドレイ・カルロフ駐トルコ大使がトルコの現役警察官に銃撃され、死亡する事件が起きています。この暗殺はロシアがアサド政権に肩入れしていることへの抗議と見られていますが、真相はトルコとロシアの離間を狙った謀略の一環でしょう。

いまだにトルコはネオコンによって対露工作に利用される危険を抱えています。下手をすると今度はトルコがシリア化しかねません。

トランプ政権誕生で訪れた米露の雪融け

ヒラリーを勝たせるために、背後から支援していた国際主義者は、世界をグローバル市場で統一するために、プーチンを追い落とそうとしています。その戦略はトランプ大統領となった今もまだ終わっていません。

アメリカはロシアに対して、クリミア併合を理由として、経済制裁を続けています。

2014年7月16日にアメリカはロシアのガスプロムやロスネフチなどエネルギー系企業に対し、アメリカの株式・債権市場への長期のアクセスを禁ずる金融制裁を発動しました。ロシアにとってエネルギー産業は主要産業と言えますから、これは非常に重い制裁と言えます。

アメリカに比べてEUによる制裁は当初、抑制的で、政府高官への渡航制限や資産凍結を実施する程度でしたが、7月17日にマレーシア航空機がウクライナ東部の親露派支配地域で撃墜される事件が起きると、親露派の関与と見做し、強硬姿勢に転じました。深海や北極海での油田探査・生産、およびロシア国内でのシェールオイル事業に関する技術の提供を制限し、数十にわたる制裁品項目を追加したのです。

日本も同年8月には、欧米の経済制裁に同調し、ウクライナのヤヌコビッチ元大統領やクリミア自治共和国のセルゲイ・アクショノフ首相など、約40人と2団体の銀行口座を凍結し、クリミア産品の輸入を禁止しました。これはロシア経済に対してほとんど打撃を与えず、アメリカへの連帯を示すための〝政治的な経済制裁〟と言えます。

アメリカからの圧力でＥＵも経済制裁に参加していますが、早く解除したいというのが本音です。ＥＵの天然ガス輸入量に占めるロシア産の割合は４割近くに達しますし、ロシアとの貿易抜きでＥＵの経済は成り立ちません。

ＮＡＴＯは対ロシア強硬派なので対露経済制裁の解除には反対しているのに対し、ＥＵは解除したいという意向で、内部では矛盾を抱えています。

もしヒラリーが大統領になっていたら、プーチンを追い詰める戦略をさらに徹底していたことでしょう。

しかし、時代はトランプを選びました。トランプはプーチンと良好な関係を築き、今のところ、米露関係の改善という点では一致しています。トランプは、選挙運動中の２０１６年7月27日に、米フロリダ州での記者会見で、「自分が当選した場合は、クリミアをロシアの一部として認定する」と述べています。これは完全にネオコンの意志に反した方針と言えます。

トランプ大統領の誕生で、米露関係の改善が期待され、制裁解除も視野に入っています。EUの本音としてはもちろん、大歓迎と言えるでしょう。

日本が最初に制裁解除に踏み切れば、制裁解除の呼び水になるかもしれません。

日米露のトライアングルが中国を包囲する

トランプ大統領によってロシア包囲網が解けることになれば、世界秩序は新たな局面を迎えることになるでしょう。

トランプが「世界の警察官はやめた」と言う前から、オバマはすでにやめると言っているわけで、シリアから事実上、手を引き始めていました。一方、2015年9月の国連総会の際の米露首脳会談でアメリカは、ロシアがシリアに介入するのを黙認し、ロシアはIS空爆を開始しました。アメリカは世界の警察官をやめて、少なくともロシアと分担するということです。

分担するというよりも、現在、世界の警察官の役割を担っているのはロシアです。しかし、アメリカのメディアも日本のメディアも、こういう事実は報じずに、あくまでプーチンをウクライナを侵略した悪者として扱っています。世界のグローバル市場化を狙う国際主義者の意志を反映しているのです。

しかし、トランプ大統領の誕生でネオコンの世界戦略が挫折しかかっているのです。第1章の冒頭で述べたように、国務長官と国防長官の人事が極めて重要で、トランプの人選には「紛争への無意味な介入をやめる」「ロシアとの関係改善をはかる」ことが、明確に示されました。もっとも共和党内にはマケイン上院議員はじめ対露強硬派が多いこともあり、紆余曲折が予想されますが、米露関係改善の可能性は高いと期待していいと思います。

これがもしヒラリー大統領だったら、中国と手を組み、アメリカと中国が「世界の警察」になると宣言し、プーチンを徹底的に追い詰め、シリアをはじめとする紛争地帯に米軍を送り込んでいたでしょう。

そうなれば、覇権主義を前面に出す中国のプレゼンスが増大してアジアを蹂躙《じゅうりん》し、一方のアメリカも紛争を解決するどころか、泥沼化させ無政府状態にして放置することを続けていたでしょう。それにストップをかけただけでも、トランプの勝利は大きな価値があったと言えます。

今後、トランプはプーチンとの間で米露関係の改善をはかっていくと考えられます。トランプは当初から反中国の姿勢を明確に示していましたが、アメリカとロシアが手を組めば、世界のなかで中国のプレゼンスの低下は免れないものとなります。

私は安倍首相の外交センスには歴代首相のなかでも卓越したものを感じます。彼もプーチンとの間で日露関係の改善をはかっています。次章で詳しく述べますが、日露関係はかつてないステージに入ろうとしています。

私は、もしヒラリーが大統領になっていれば、第3次世界大戦にまで発展してもおかしくないと考えていました。

「世界の警察」などという発想は、ネオコンが戦争をするために生み出した方便です。なにしろ、アフガニスタンはアルカイダをかくまっているという理由で軍事介入され、イラクは「大量破壊兵器を隠し持っている」という言いがかりで侵攻されたのです。その嘘がバレると、「イラクの民主化のためだ」と目的をすり替えて平然としていました。自国の諜報機関が「あの国はテロ国家だ」と認定するだけで、簡単に戦争が始められる時代になっていたのです。どう考えても異常な状態なのに、メディアの洗脳によって常識が麻痺《まひ》して、誰もそれがおかしいと感じなくなっていました。

世界に紛争は相変わらずあって、戦争の時代に突入する危機が消失したわけではありませんが、トランプとプーチンと安倍首相がガッチリと手を組めば、世界を救えると私は考えています。その一方で、中国の習近平主席の存在感は喪失し始めています。ヒラリーとともに、中国は沈みつつあります。

世界で紛争を起こそうとする国際主義者たちは、野望を諦めたわけではありません。それを阻止できるのは、トランプとプーチンと安倍首相の〝鉄のトライアングル〟なのです。

「自己中心的」中国人の性格

この鉄のトライアングルは、中国の増長にも歯止めをかけます。中国の覇権主義、膨張主義にもストップをかけるのです。

そもそも、中国という国はこれまで過大評価されすぎていました。

戦後何十年もの間、発展途上国の地位に居続けた中国が、急激な経済発展を遂げることができたのは、外国が支援したからです。アメリカやEU、日本や台湾、韓国などが中国に資本を投下して工場を移転し、技術を提供し、安い労働力を使って世界の工場へと変貌を遂げさせたのです。

外国資本が入るまで、中国が経済発展できなかったのは、中国には愛国者がいないからです。新たに産業を興して国の発展に寄与しようと考える者がおらず、目先の金儲けにしか興味がなく、自分や家族、せいぜい一族が潤えばいい、他人がどうなろうと知ったことではないという人が非常に多いのです。

中国数千年の歴史を眺めれば、支配者は民衆をただただ搾取するだけの存在としか見ず、途方もない富を独占してきました。外部から他民族が侵略し、ときの政権を打倒し、交代しますが、民衆から搾取する構造はずっと受け継がれてきました。搾取があまりにひどすぎて、しょっちゅう農民の反乱が起きてきたわけです。現代は皇帝が中国共産党に変わっただけで、昔となんら変わりません。

中国の支配層は、とんでもなく腐敗しています。個人から国家レベルまで賄賂が横行し、党の幹部は地位を利用して蓄財し、せっせと海外の口座に資産を移し、いつでも中国から逃げられるように準備しています。そこには愛国心の欠片《かけら》もありません。

習近平は反腐敗キャンペーンを行ない、汚職に手を染める党幹部や官僚を摘発していますが、汚職に関与していない党幹部などいるはずがなく、誰でも摘発できるわけで、政敵の掃討に利用しているだけです。

中国では「上に政策あれば、下に対策あり」とよく言われますが、そういう社会に生きてきた一般の民衆が、上の人間たちの腐敗を目にして社会や国家への帰属意識をもたなくなり、「自分の身は自分で守る」と考え、それがエスカレートして極めて自分本位な考え方になるのは当然です。

私は別に中国人が嫌いでも何でもなく、むしろ非常に気の毒だと思います。しかし、こういう自己中心的な人々が何億人集まろうと、「国家」にはなりません。韓国もよく似た面がありますが、後述するように中国は「国家」ではないので、いくら条約を結ぼうと、合意をしようと、守らなくても平気です。

南京大虐殺問題でも、中国が嘘を平気でつくのは、それが〝中国の性《さが》〟だからだと言えます。戦前に中国に渡ったアメリカの外交官、ラルフ・タウンゼントが著わした『暗黒大陸　中国の真実』（田中秀雄・先田賢紀智訳、芙蓉書房出版）には、誰もが平然と嘘をつき、それを恥じない中国人が詳細に描かれています。タウンゼントは同書で、「他人を信用する中国人はいない。なぜなら自分が他人の立場に立ったら、自分を信用できないからだ」と述べています。

支配者が搾り取れるだけ搾り取ろうとし、そこから逃げなければ生きていけないという世界に生きていれば、そうなるのも当然だと思います。

中国は「国家」ではない

中国が自力で発展できなかったのは、愛国者がおらず、「国家」になれなかったからです。では、あの地には何があるのかというと、「安い労働力」と「13億人の市場」があるだけです。アメリカやEU、日本や台湾、韓国などが資本や技術などを支援しなければ、自力で発展することができなかった国なのです。

ソ連が崩壊したとき、アメリカは中国とはまったく異なる方法でロシアの近代化を進めました。

ロシアには天然ガスや石油などの資源がありましたから、オリガルヒ（ロシアの新興財閥）

を誕生させるとともに、欧米資本が一斉に参入して、エネルギー利権を分け合い、資源を核にロシア経済を発展させせました。その危険性に気づいたプーチンが外資を追い出し、新興財閥をつぶしてエネルギー系の企業を国有化しました。

一方の中国には大した天然資源がなく、安い労働力があっただけでした。だから、工場を移転させて、安い労働力を利用して、世界の工場にしたのです。

その際に役に立ったのが中国共産党政府です。民主国家であれば、土地の強制収用には面倒な手続きが必要で、反対運動でも起きれば頓挫してしまうこともあります。しかし、共産党政府であれば強権的に有無を言わさず、強制収用ができます。労働者を劣悪な労働環境で働かせたり、排気ガスや廃水で環境を汚染したりしても、住民を黙らせてくれます。だから、共産党政府を温存したのです。

アメリカは中国を民主化しようなどとは微塵《みじん》も考えてきませんでした。共産党の体制下で、甘い汁を吸ってきただけです。それが限界に来て、酸っぱい汁しか出なくなったので、いよいよ中国からの撤退を始めたというところです。

実際、中国の経済成長はすでに終わりつつあります。

中国が発表する統計数字はデタラメばかりで、明らかに経済は失速しているにもかかわらず、経済成長率が7％前後なんてあり得ません。そこには理由があります。2013年の全国人民代表大会（全人代、国会に相当する）で習近平政権が誕生したときに、中国の実質GDPを10年で「2倍にする」という公約を打ってしまっているのです。実質GDPを10年で2倍にするためには、年間の経済成長率を7％前後に維持しなければ達成できません。

しかし、7％から大きく乖離《かいり》した数字を発表すれば、習近平政権が公約違反をしたという話になってしまいます。中国共産党の権威は、経済を成長させ、中国人民を豊かにするということで支えられています。だから「年7％前後の経済成長」が守れないとすると、習近平、いや中国共産党の威信が失われてしまいます。実態はそれこそマイナス成長だったとしても、絶対に発表するわけにはいかないのです。

「世界の工場」として経済発展したおかげで労働者の賃金が上昇し、すでに中国は「安い労働力の国」ではなくなりつつあります。レイバーコスト（人件費）が上がって、かつ品質の悪い製品しか製造できないのであれば、外国企業が撤退していくのは当然です。中国に進出した日本企業も、当初は儲かったかもしれませんが、赤字に転落している企業が少なくありません。

だから、今は中国よりもさらに安い労働力を求めて、ベトナムやバングラデシュ、カンボジアなどへの移転が始まっています。将来的には北朝鮮もターゲットに入っています。

さらにトランプは、選挙期間中に、中国からの輸入関税を最大45%まで上げると宣言していました。現実にそこまで上げられるかは不明ですが、関税の見直しをすることは間違いないでしょう。

トランプは、ホワイトハウス内に貿易政策を統括する「国家通商会議」を新設し、トップに対中強硬派のピーター・ナバロ米カリフォルニア大教授を起用しました。同会議はTPPや関税などの問題についてトランプに助言するだけでなく、米国家安全保障会議と連携して、国防と通商政策を絡めた外交戦略も立案することになっています。

アメリカが中国からの輸入関税を大幅に上げれば、中国も報復でアメリカからの輸入関税を上げるでしょうが、米中間の輸入額と輸出額は4倍もの開きがあり、アメリカにとっては痛くもかゆくもなく、中国にとっては大打撃となります。アメリカの対中貿易赤字は膨らむ一方で、２０１３年には３２００億ドル（当時の為替レートでおよそ32兆円）にも達し、中国はアメリカ市場で儲けているわけですが、もし大幅な関税アップが実施されれば、中国経済は完全に失速し、奈落の底に落ちるでしょう。

そうなれば、世界経済が大混乱すると考えている人が多いですが、そうはなりません。世界経済が大混乱すると脅かしているのは、中国への投資が無駄になりかねないウォールストリートの連中であって、目先の利く者はすでに中国から投資を引き揚げています。金融市場が混乱するときは、彼らにとってはピンチであると同時にチャンスでもあり、ギャンブルでメシを食っている者にとっては望むところでしょう。

中国経済に依存している韓国や台湾にはかなり混乱が起きるかもしれませんが、日本の場合は中国に対する輸出額はせいぜいＧＤＰの６％程度です。日本のＧＤＰの85％は内需で占められています。経済の基本はものづくりですが、日本はものづくりをやめていないので、ほとんど影響は受けないのです。

中国経済が崩壊したら、外資はまた他の国に移転するか、自国に戻るかだけです。トランプは法人税減税とともに、海外に生産拠点を移転する企業に「重い国境税」をかけると宣言しています。そうなれば富の流出が止まり、雇用も復活することになります。むしろ、いいことづくめと言ってもいいかもしれません。何も心配することなどないのです。もはや中国には「13億人の市場」が残るだけです。

米中軍事衝突の可能性

輸入関税1つをとってみても、トランプのアメリカは、中国との対決姿勢を鮮明にしていますが、そのなかで米中が軍事的衝突に至るのではないかと危惧されています。それを見越してか、トランプは海軍を増強すると宣言しています。これは中国を抑え込むと言っているも同然です。アメリカは海洋国家ですから、この方針は極めて重要です。中国は海洋国家でもないのに海洋国家になろうとして、太平洋への進出を狙っていますが、この戦略は間違いでした。海洋国家でない国が無理して海に出て覇権を握ろうとすると、必ず失敗します。

習近平はこれまで、「米中2大国が太平洋を2分割して統治すべきである」という発言を繰り返していましたが、アメリカがこんなことを許すはずがなく、うかつに中国海軍が太平洋に出れば、必ず叩かれます。

最近の戦争は、非対称戦争だ、テロとの戦いだと言われていますが、これはもう、古典的な国家対国家の戦いで、アメリカは太平洋の覇権は渡しません。ヒラリーが大統領であれば、中国に対して融和的な態度を示したかもしれませんが、それでも国防総省は認めなかったでしょう。

トランプはビジネスマンだから、中国ともうまくディール（交渉・取引）して、お互いにウィン・ウィンの関係を築くだろうと言われていますが、アメリカの国益を考えた場合に、中国とはディールできるかどうか疑問に思います。今は南シナ海で中国を好きに泳がしていますが、デッドラインを越えたら叩きに出ます。

人民解放軍というのは、人民を守る国民軍ではなく、中国共産党を守るための私設軍のようなもので、外国と戦争をするよりも、大陸の内側で、反乱を起こした農民や少数民族に銃口を向ける軍隊であり、〝人民弾圧軍〟と呼んだほうが正しいと思います。ですから、あくまで陸軍が中心なのであって、海軍が空母を建造したといっても練習艦に過ぎず、いまだに艦載機がろくに着艦できないような有様です。

本物の海洋国家であるアメリカの海軍に挑戦し、衝突すれば、ひとたまりもなく粉砕されるでしょう。そんなことは中国側もよくわかっていますから、常識的に考えれば中国が本気でアメリカに対峙《たいじ》することはないと言って構わないでしょう。しかし、中国の対米関係は習近平の権力闘争の一環でもあることを考えれば、習近平がアメリカを挑発し続ける可能性は排除できないでしょう。もし、アメリカの海洋覇権という虎の尾を踏めば、アメリカは中国を軍事的に叩くと考えられます。

そもそも、人民解放軍が本当に共産党政権を守るかどうかも怪しいと言わざるを得ません。人民解放軍は自給自足型の軍隊で、不動産開発から医療事業、農業、工業に、ホテルやレストラン、カラオケ店の経営まで、非常に幅広く営利事業を展開し、共産党政府からの予算だけに縛られていません。

中国の国家主席は、人民解放軍を実際に動かせる力があるかどうかで決まるといわれ、逆に人民解放軍からすれば、共産党政府が倒れたところで昔の軍閥に戻ればいいだけで、大した影響はありません。国家に対するロイヤリティがなく、目先の利益にしか興味がないのは、人民解放軍とて同じです。

フランスの経済学者で、ミッテラン仏大統領の補佐官や欧州復興開発銀行の初代総裁を務めたジャック・アタリは、著書『21世紀の歴史―未来の人類から見た世界』（林昌宏訳、作品社）のなかで、「2025年には、いずれにせよ中国共産党の76年間にわたる権力に終止符が打たれるであろう」と述べています。アタリの予想通りならば8年先ということになりますが、私はそれより早く崩壊が訪れるだろうと予測しています。

注目すべきことは、そもそもアタリは何故こんな予測ができるのかということです。アタリは、世界統一を目指す国際金融勢力の仲間だから、彼らの計画を述べることが可能なのです。

一般に言われているように経済成長が望めなくなれば、今まで民衆の間に吹き溜《だ》まってきた不満がいよいよ爆発します。経済が伸びて潤っていたから我慢していただけで、「金の切れ目が縁の切れ目」となります。経済成長が止まれば、国際金融資本も共産党一党支配を支える必要がなくなります。彼らが作った中国共産党政権に引導を渡すことになるのです。

国際金融資本が中国から手を引き始めた

これまでネオコンが世界に向けて拡大しようとしてきたグローバル化とは、自分たちがビジネスをするうえで都合のいい環境をつくるということで、それを「民主化」と呼んで、世界の人々を欺いてきたのです。

アメリカ政界の重鎮で国際主義者であるブレジンスキーは、アメリカの世界戦略として、まず民主化し、民営化し、最後にグローバル化するとはっきり言っています。民主化とは、複数政党制と自由選挙を実現することを指します。この状態になれば、政治に介入することが可能になり、彼らにとって都合のいい大統領を据えることができます。そうなれば国営企業などを民営化することができ、外資も参入できるようになります。これでグローバル化が完成します。

中国共産党の一党支配が終わるということは、複数政党制で自由選挙が行なわれるようになるということで、結果的に同じ道を歩むことになるのかもしれません。

これまでネオコンは中国共産党を利用して、搾れるものは搾り取ってきたわけですが、経済成長が止まれば、「世界の工場」というステージは終了になります。現にゴールドマン・サックスは、中国から撤退しています。

しかし、そうはいっても「13億人の市場」というのは、モノを売る立場から見れば魅力的な市場と言えます。そのステージに入るには、今度は共産党支配というのは邪魔になります。共産党一党独裁である必要はなくなったというわけです。

彼らの次の戦略は、従来通りの民主化、民営化、グローバル化というプロセスを経て進めていくのだろうと思います。共産党一党支配がなくなれば、中国は戦前のような混乱状態に戻る可能性がありますが、混乱した状態というのは、それはそれで国際金融資本にとっては儲けるチャンスでもあります。割を食うのはいつも一般の投資家であることは忘れてはなりません。

蔡英文と接触したトランプの対中国強硬姿勢

序章でも述べましたが、おそらく2016年は、後になって振り返ったときに世界史のターニングポイントになったと認識される年になるでしょう。

ブレジンスキーに並ぶ共和党系の重鎮、ヘンリー・キッシンジャーは、93歳という年齢にもかかわらず、12月2日に訪中して、習近平と会談しました。まさにそのとき、トランプは台湾の新総統、蔡英文《さいえいぶん》と電話会談をもったのです。

アメリカ大統領（就任前ですが）と台湾総統が直接、公式に言葉を交わすのは、たとえ電話であったとしても1979年に米中国交正常化に伴う台湾との国交断絶以来、初めてのことです。中国との国交正常化の際、アメリカは、台湾を国として認めず、中国が主張する「1つの中国」に事実上反対しなかったので、これまで首脳同士の接触を避けてきたのです。

トランプはその原則を破ったばかりか、蔡英文を「ザ・プレジデント・オブ・タイワン」と呼び、「経済、政治、安全保障での緊密な関係が台湾とアメリカの間にある」と確認し合ったといいます。中国メディアはその前に、習近平とキッシンジャーが会談で米中関係の強化を確認したことを大々的に報じていたため、メンツを丸つぶれにされた習近平は激怒したと伝えられています。それゆえに、中国メディアはトランプと蔡英文の電話会談をほんの小さく報じたのみでした。

ロックフェラーの意向を受けて動くキッシンジャーは国際主義者であり、これまで親中派と評価されてきました。その彼がこうした任を引き受けたということは、古いエスタブリッシュメントにとっての中国の価値はすでに暴落していて、中国共産党を見限った証《あかし》と言えるかもしれません。

キッシンジャーが帰国後にトランプに対し、「メンツをつぶされた」と怒ったという話は伝えられていないので、電話会談があることを知りながらの確信犯だったのでしょう。これは共産党支配の終わりの始まりなのかもしれません。

トランプと蔡英文の電話会談は、歴史を変える大きな一歩となるのは間違いありません。

韓国「崔順実」事件はなぜこのタイミングで発覚したか

米台関係が新たなステージに移行する一方で、韓国では不可解な事態が進行しています。朴槿恵《パククネ》大統領が、占い師の崔順実《チェスンシル》に依存し、操り人形だったとされる問題ですが、私が注目しているのは、なぜこの時期にこの話が出てきたかです。

大統領の背後に崔順実という人物が存在しているのは、韓国メディアの中では知られていたとされます。韓国メディアが知っているようなレベルのことなら、アメリカの諜報機関も必ずその情報をつかんでいます。

諜報機関という組織は、決定的な証拠になるような情報を新聞やテレビ、雑誌などのメディアにリークして、自分たちにとって都合のいい報道をさせ、世論をコントロールします。そうしたクリティカルなネタを多数つかんでおいて、出すタイミングを待っているのです。

問題は、まさにトランプ大統領が誕生するというこのタイミングで、なぜ朴大統領のスキャンダルが飛び出したかです。２０１６年11月に韓国のソウルでは１００万人規模のデモが頻発し、朴大統領の支持率は史上最低の５％（韓国ギャラップ調査）にまで急落。それを受け、朴大統領は任期の満了（２０１８年２月）を待たずに、国会の決定に従って大統領職を退くと表明しています。

同年12月９日には、韓国国会が朴大統領の弾劾訴追案を可決し、１８０日以内に憲法裁判所が弾劾するかを決定する運びです。それ以前に、与党セヌリ党は同年４月の総選挙で惨敗を喫していて、保守派の大幅な後退は否めない状況です。

韓国の次期大統領選は2017年の春から、遅くとも夏までに行なわれる見通しですが、これまで朴槿恵の後継者として最有力といわれていた保守派の潘基文《バンギムン》前国連事務総長が、今回のスキャンダルで支持率を急落させ、左派で最大野党の「共に民主党」の文在寅《ムンジェイン》・前代表が支持率でトップに躍り出ています。他にも左派からは李在明《イジェミョン》・城南《ソンナム》市長や第2野党「国民の党」の安哲秀《アンチョルス》・前代表らが候補に挙げられています。

これら左派の政治家はみな親北派ですが、なかでも支持率でトップにいる文在寅は、盧《ノ》武鉉《ムヒョン》時代に大統領の秘書室長を務めていた2007年、国連で北朝鮮人権決議案の採決が行なわれる際、北朝鮮と秘密裏に協議して、棄権するという判断を下したという疑惑がもたれている人物です。

この北朝鮮への内通疑惑で、文在寅は窮地に立たされていましたが、そのタイミングで朴大統領のスキャンダルが発覚し大騒ぎになり、内通疑惑が吹っ飛ぶどころか、文在寅は大統領の最有力候補にまでなったのです。

これをおかしいと思わないほうがどうかしています。

私はいよいよ朝鮮半島で戦争が起きる可能性が高まってきていると見ています。

北朝鮮が韓国を飲み込む

このままいけば、文在寅になるかどうかはともかく、親北派が韓国内で政権を奪取する可能性が高いでしょう。

日本人にはとうてい信じられないことですが、彼らは本気で北朝鮮を信奉しています。日本でも、50年くらい前に左翼活動をしていた人間のなかには、アメリカではなくソ連の支配下に入ったほうがいいと考えている者が多数いました。その感覚をいまだに引きずっているようなもので、彼らにとっては革命家・金日成《キムイルソン》が建国した北朝鮮は相変わらず理想の国なのです。だから、彼らは北朝鮮が主導する形での朝鮮半島の統一を望んでいます。

しかし、韓国の国民がそんなことを許すはずがありません。通常の外交交渉で、北朝鮮に飲み込まれる形での統一案を進めれば、それこそまた100万人規模のデモが起きるでしょう。

そこで必要になってくるのが戦争です。

想定し得る1つのシナリオとしては、北朝鮮が電撃的に韓国に侵攻して一気にソウルを陥落させ、親北派の韓国政府は早々に降伏し、講和を結ぶというものです。駐留国連軍（実質的にアメリカ軍）が動き出す前に、極めて短期間に終戦・講和まで持ち込んでしまえば、改めて蒸し返すのは難しくなるでしょう。大統領が北の内通者であれば、不可能に思えることも可能になります。

それまで極端な反日姿勢を示していた朴槿恵大統領が、2015年の暮れになぜあれほど急いで慰安婦に関する日韓合意を結んだかというと、これも北朝鮮との戦争を準備するための伏線だったと考えられます。

オバマが仲介役になっていましたが、その背景にはネオコンの圧力があったのです。日本との関係を改善して、北との戦争に備えよと脅かされたのではないかと思います。

実際に北朝鮮は、日韓合意を戦争準備の合図としてとらえ、2016年の年明けから水爆実験やミサイル実験を始めました。本来なら、北の挑発が先にあって、日韓両国は慰安婦問題でいがみ合っているときではない、日韓が相携えて北の脅威に対処しなければならないという流れが普通ですが、逆なのです。つまり、韓国側が北朝鮮を挑発しているということです。

このような不可解な出来事をつなぎ合わせていけば、朴大統領は初めから捨て石だったのか、あるいは、「北への挑発をさらに続けよ」という指示に従わなかったのか、あのようなスキャンダルを仕掛けられて失脚させられることになったと考えられます。トランプ大統領の誕生という事態を受けて、当初の戦争プランが早められた可能性もあります。

いずれにせよ、こうした一連の動きから少なくとも言えるのは、ネオコンが次に狙っているのは朝鮮半島であり、ここで戦争を起こすということです。北の主導で朝鮮半島が統一された暁には、アメリカは統一朝鮮と国交を結び、国際金融資本はかつての中国に対して行なったように資本を投下し、天然資源を押さえ、激安の労働力を搾取することになります。

朝鮮半島の動向だけを見ていても、こうした流れは見えてきません。世界の大きな流れをつかんだうえで、これから何が起きるのかを見定めていく必要があります。

第5章
日本に明るい未来をもたらす

「日本ファースト」の持つ本当の意味

序章で指摘したように、トランプ新大統領は各国に対し「自国ファーストであれ」と呼びかけました。日本のメディアはどうしたわけかトランプのこのフレーズに注目しませんでした。これは異常と言ってよいでしょう。私はトランプのこの言葉こそ、トランプ世界戦略の真髄であると直感的に感じ取りました。従って、日本が「日本ファースト」に徹することが、トランプのアメリカとうまくやって行くカギとなるわけです。

日本の未来は「日本ファースト」を貫くことができるか否かにかかっていると言っても過言ではありません。言うまでもなく、「日本ファースト」とは日本が世界で一番偉いということではありません。他国のことは無視して日本の利益だけを考えていればよいということでもありません。トランプ流に言えば、今後日本がアメリカを含む諸外国と関係を進めるに際しては、日本の国益がなんであるかを明らかにしてディールをするという方式を取ることを意味します。これが日本の自立の意味するところです。自立とは、日本が独善的に生きることではもちろんありません。自立とは、各国との連携によって生かされ、かつ自らの国益に従って生きる、との2つの要素のバランスを取るということでもあるのです。だからこそ、トランプは「すべての国は自国の利益を優先する権利があると言う理解の下に、世界の国々との友好関係を求める」と世界に向けて発信したのです。

この最も重要なメッセージを日本のメディアが注目しなかったのは残念です。その理由は、トランプは「アメリカ第一主義者」、「保護貿易主義者」、「移民反対主義者」、「人種差別主義者」、「大衆迎合主義者」と決めつけていたからです。トランプの就任演説をこれらの思い込み、いわば洗脳に縛られて、解釈してしまったため、重要なメッセージを見落としてしまったわけなのです。

日本の自立とは、極論すればメディアの自立から始まらなければならないでしょう。戦後72年にもなるのに、依然としてGHQが連合国に有利になるように日本の言論にタガをはめたプレスコード、つまり東京裁判史観、を後生大事にするメディアの卑屈な姿勢こそ、真っ先に改革されねばならない課題です。メディアは率先して「日本ファースト」の意味を正しく理解し、それに沿った報道に心掛けなければならないでしょう。自国の利益を主張することは恥ずべきことだとの刷り込みが、今日のメディアの劣化を招いたことを猛省すべきです。それができないようでは、メディアの自立は不可能です。メディアを自立させるためには、私たち国民が精神的に自立する必要があります。なぜなら、国民がメディアの欺瞞に気づいてしまえば、メディアは存立することが不可能になるからです。

そこで、私たちはどのように自立すべきなのかについて、以下、精神面、安全保障面、経済面に分けて検討していきたいと思います。トランプが訴える「新ウエストファリア体制」への回帰に、日本がどう対処すべきかの処方箋を提供するものです。

日本人の精神的再武装

トランプ大統領は演説で今日の侵略戦争の特徴について鋭い指摘をしています。それは、アメリカは目に見える軍事的侵略を受けているわけではないが、国民が侵略と気づかない形でアメリカ社会は破壊され、国民が分断されたと指摘している点です。つまり、アメリカは内部から崩壊の危機にあると警告を発したのです。内部崩壊もれっきとした他国からの侵略です。それは目に見える軍隊が侵入してきたわけではないので、国民が侵略と気づけないだけなのです。だから、「アメリカ・ファースト」とはアメリカの防衛政策でもあるのです。トランプが就任演説で、アメリカ・ブランドの製品を作り、アメリカ企業のノウハウを盗み、アメリカ人の職を破壊する「外国の破壊行為から私たちの国境を守らなければならない」と強調していることから如実にうかがえます。グローバル化した世界における目に見えない国益の侵害について、簡潔に、しかし鋭く指摘したのです。

従って、「メキシコとの国境に壁を作る」と言う言葉が独り歩きし、トランプは移民排斥主義者、人種差別主義者とのレッテルを貼られていますが、彼が言う「国境の壁」とは一般の人々が理解しやすいように使った一種の比喩でもあって、物理的な壁だけを指しているわけではありません。この「壁」は、グローバリズムを推進してきたアメリカのエスタブリッシュメントから一般国民に政治の実権を取り戻す「革命の象徴」でもあるのです。

トランプが指摘したように、「アメリカの産業を犠牲にして外国の産業を豊かにしてきた」、「アメリカの軍隊が犠牲を強いられながら外国の軍隊を援助してきた」、「アメリカの国境防衛を拒否する一方で外国の国境を防衛してきた」、「アメリカのインフラが荒廃する中で、外国に膨大な資金をつぎ込んできた」、「アメリカの富と力と信頼が衰退する一方で外国を繁栄させてきた」、「工場の海外移転によってアメリカの労働者が無視された」、「アメリカの中産階級の富が略奪されて世界中に再配分された」。これらの現象がグローバリズムの弊害であったとわかりやすく指摘したのです。

東京裁判史観からの脱却

以上から汲み取るべき教訓は、先ずは私たち自身が日本の直面している内部侵略の脅威に気付くことです。脅威の内容を正確に把握できなければ、正しい対策を立てようがありません。日本もグローバル化の掛け声の下で、トランプ大統領が指摘したのと同じ現象に悩まされているのです。戦後70年経っても歴史認識ひとつ変えられない原因は、得体のしれない「普遍的価値」という錦の御旗に籠絡されて、ひたすら他国との間で波風を立てないように、上は政府から下は学校教育に至るまで、日本は侵略国家であるとの東京裁判史観を墨守《ぼくしゅ》してきたことにあります。もちろんその背後には戦勝国アメリカの圧力があったことは、いまさら指摘するまでもありません。しかし、このアメリカも公然と認めている単純な事実すら、日本の言論界の多数は認めてこなかったのです。

バイデン前副大統領が日本国憲法はアメリカが作ったと親切にも公言してくれたにもか

かわらず、当の日本の多くのメディアはバイデン発言を承認しなかったのです。まさに、梯子を外されて大いに狼狽えたのでしょう。日本国憲法の出自は問題ない、なぜなら日本国民に根付いているからだとの詭弁を弄して、現実を見ることから目をそむけてしまったのです。しかし、すでに明らかにしたように、このような国家はトランプのアメリカには信用されないでしょう。憲法9条を押し付けたのはアメリカの日本封じ込めのためだった、と他ならぬアメリカ副大統領が証言したのです。それを無視して平和憲法だとありがたがっている醜態こそ、自立から正反対の恥ずべき国家の姿であることにどうして気づけないのでしょうか。

2015年8月14日の安倍首相戦後70年談話は、東京裁判史観に一部穴をあけましたが、戦後の世界秩序の構成部分であった東京裁判史観を否定するまでには至りませんでした。総理談話という形式自体が持つ政治的妥協の産物でしたが、トランプ大統領の登場の結果明らかになったことは、日本は日本ファーストの歴史観を持ってよい、アメリカはそれに干渉しないという実に重要なメッセージでした。つまり、日本は東京裁判史観に縛られなくてもよいという保証を、日本を占領して今日の戦後民主主義体制を築いたアメリカの大統領自身が与えてくれたのです。この最重要点に気づいたメディアは皆無でした。

このこと自体、日本のメディアは依然としてプレスコードから抜け出ていないことを証明しています。

先ずは靖國神社への参拝を

安倍首相におかれては、是非この点をご理解いただき、まずは靖國神社に参拝していただきたいと切に希望いたします。国民も一人でも多く靖國神社に参拝しましょう。これが国民の精神的自立の第一歩です。トランプ大統領が言ったように、もう「空虚な言葉」、つまりポリティカル・コレクトネスはいらないのです。重要なのは具体的な「行動」です。

行動の時がやってきたのです。靖國神社に参拝することは、私たちが日本人としてのアイデンティティを取り戻すことに直結しています。トランプの言葉を借りれば、日本という国家に対する国民の忠誠心を示すことになるからです。この忠誠心を通して、私たち日本人はお互いへの忠誠心を再発見することになるでしょう。私たちにはこの忠誠心が存在していました。戦後の教育やメディアによる洗脳の効果はありましたが、忠誠心が存在しなくなったのではありません。私たちは、かつて自然な形で国家に対する忠誠心を育んできました。ですから、東京裁判史観の足枷《あしかせ》をアメリカ自身が外してよいと言ってくれた以上、忠誠心を再発見する作業をすぐに開始するべきです。

これによって精神的自立に目覚めれば、以下に検討する経済的自立も、安全保障の自立も達成することが可能になるでしょう。

アメリカにとっても不可欠な南シナ海のシーレーン確保

トランプが選挙期間中に日米同盟の意義を無視するかのような発言をしたとして、日本国内で大騒ぎになりました。たとえば、「日韓が米軍の駐留経費負担を大幅に増額しなければ、米軍を撤退させる」「中国や北朝鮮への対抗手段として、日韓が核兵器を保有することを容認する」と発言してきました。さらに、「日米安保は片務的で、日本が攻撃されれば、アメリカは助けに行かなければならないが、アメリカが攻撃を受けても、日本は助ける必要はない。日米安保は不公平だ」とも述べています。

しかし、これはトランプ流の「あえて極端な発言をして耳目を集める戦略」で、額面通りに受け取るわけにはいきません。少し頭を冷やして考えれば、これらの断片的な発言をもって右往左往するのは滑稽ですらあったといえます。

たとえば、沖縄や横須賀の米軍基地というのは、日本を守るうえでも重要ですが、実際はアメリカのアジア戦略においても必要な基地です。沖縄からグアムに撤退すれば、中国という脅威に対して後退することになるわけで、中国に対して睨みをきかせられなくなります。

特に、南シナ海の問題については、アメリカにとって決して他人事《ひとごと》ではないのです。南シナ海の南沙《なんさ》諸島や西沙《せいさ》諸島などの領有権を巡っては、中国とフィリピン、ベトナムなどが対立してきました。

南沙諸島については、尖閣《せんかく》諸島と同様、海底油田が存在する可能性が指摘された1970年代から、中国とフィリピン、ベトナム、ブルネイ、マレーシア、それに台湾が領有を主張してきましたが、2015年1月から中国海軍や中国海警局の艦船がこの海域で示威行動を繰り返し、実効支配している環礁を埋め立て、軍事空港の建設を開始しました。すでに3000m級の滑走路が少なくとも3本が建設され、ヘリポートや衛星アンテナ、レーダー塔などの施設も完成していると見られています。

2015年9月の米中首脳会談の後、横須賀基地所属のイージス駆逐艦「ラッセン」をスビ礁から12海里内の海域に進入航行させる「航行の自由作戦」を決行したときには、中国側は戦闘機をスクランブル発進させ、軍艦船を派遣して警告するなど、猛反発しました。

2016年7月には、オランダのハーグの常設仲裁裁判所が、中国の南シナ海での領有権主張に「法的根拠はない」と認定し、中国が人工島を造成している岩礁はすべて「島」ではなく、「岩」や、満潮時に水没する「低潮高地」であると認定しました。これは、フィリピンの主張を全面的に認め、中国の領有権を明確に否定した画期的な判決でしたが、中国はまったく無視しています。

もう1つの西沙諸島については、フランスが撤退後、東側を中国、西側を南ベトナムが支配していましたが、1974年に中国軍が西側に軍事侵攻して占領し、それ以来、中国が実効支配してきました。それ以降、中国当局の船とベトナム海上警察の船が衝突する事件がたびたび起きてきましたが、近年、中国はこの島々でも港湾や軍事施設を次々に建設し、軍事拠点化を進めています。永興《えいこう》島には、地対空ミサイルを配備していることも明らかになっています。

２０１６年1月には、アメリカは2度目の「航行の自由作戦」として、横須賀基地所属のイージス艦「カーティス・ウィルバー」を派遣し、トリトン島から12海里内を航行させました。それに対し、中国海軍は軍艦を派遣して警告し、中国政府は「米軍のいかなる挑発行為にも中国軍は必要な措置を取る」と批判する談話を発表しています。

南シナ海は、日本にとっては中東から石油や天然ガスを運ぶシーレーンで、生命線とも呼べる重要な海域ですが、実は世界中で取引されている石油や天然ガスを運ぶ船のおよそ半分が、この海域を通過しています。エネルギー資源だけでなく、食糧などを運ぶシーレーンでもあります。世界の貿易の要衝であり、ここの航行の安全が脅かされるというのは、極めて深刻な問題です。

つまり、アメリカの安全保障を考えるうえでも、南シナ海の問題は決して無関係ではありません。オバマ政権が及び腰ながら、軍事的な示威行動を維持したのは、アメリカにとってもここが生命線だからです。

トランプは一国平和主義だといわれていますが、南シナ海の問題はアメリカ自身の安全保障に関わる問題で、沖縄や横須賀の基地を放棄すれば、アメリカ自身に脅威が降りかかってきます。

ですから、トランプも今後、国防総省からブリーフィングを受けて再考すると考えられます。国防長官に任命されたマティス元海兵隊大将も、安全保障問題担当の補佐官に任命されたマイケル・フリン元国防情報局長も、日米安保の重要性も、在日米軍基地の価値もよく理解しています。

日米安保で十分か

もちろん、日本に米軍基地があれば、日本の安全保障は安泰かといえば、決してそうではありません。トランプ以前は、その保証は十分でなかったとさえ言えます。

2014年4月にオバマ大統領が来日し、安倍首相と会談したときに、オバマは尖閣諸島にも日米安保が適用されると明言し、日本が進める集団的自衛権の行使容認の動きを支持しました。

しかし、無人島の尖閣諸島に中国軍が侵攻したときに、本当に自衛隊を援護して米軍を出動させるのか、疑問視する意見は少なくありません。

この疑問を生じさせる原因である、日米安保条約第5条にはこうあります。

「各締約国は、日本国の施政の下にある領域における、いずれか一方に対する武力攻撃が、自国の平和及び安全を危うくするものであることを認め、自国の憲法上の規定及び手続に従って共通の危険に対処するように行動することを宣言する」

日本が武力攻撃を受けたら、日米両国は「共通の危険に対処する」と言っているだけで、対処の方法については具体的に書かれていません。侵略国と外交的な交渉をもつことでも「対処」と言えるのではないかとの議論の余地がでてきます。

米民主党綱領では、「日米同盟は重要で、日本に対する責任を果たす」とも言っていますが、これも曖昧さの残る表現で、何をもって「責任を果たす」のかはっきりさせていません。

オバマ前大統領は、安倍首相を〝右翼政治家〟〝歴史修正主義者〟と思い込んでいたふしがあり、就任当初から冷遇していました。2013年12月に安倍首相が靖國神社に参拝すると、在日米大使館は「失望した」との声明を発表しています。

安倍首相はオバマの誤解を解くための努力を続け、特定秘密保護法や集団的自衛権の行使容認など、日米同盟を強化する法案を成立させました。2015年4月29日に安倍首相が米上下両院合同会議で行なった〝和解〟演説で、アメリカの信頼を勝ち得たことがオバマの広島訪問につながったといわれます。

しかし、大統領に就任前のトランプに真っ先に会談を持ったことがオバマ側、特にライス安全保障担当補佐官の気分を害したと報じられ、その後のペルーでのアジア太平洋協力（APEC《エーペック》）首脳会談の際に安倍首相の会談要請をオバマが拒否したとメディアは強調しました。このような報道ぶりにも大統領当選後もトランプ非難を続けるメディアの執拗な意志が感じられました。しかし、この会議中の立ち話で、安倍首相は年末の真珠湾慰霊訪問を打診し、オバマの了解を得たということです。

安倍首相は12月27日にオバマ大統領と共に真珠湾のアリゾナ記念館で献花し、真珠湾攻撃の犠牲者を慰霊しました。このように日米の「和解」を世界に発信しました。結局、安倍首相はトランプ新大統領と会談した最初の外国首脳であるとともに、オバマ前大統領と会談した最後の外国首脳となったのです。この事実は、日米同盟の強い絆を世界に印象付けることとなりました。安倍首相がオバマとそりが合ったかどうか疑問ですが、オバマの姿勢如何にかかわらず、既にレイムダック化していたオバマに対し、現職大統領として最後まで礼を尽くしたことは、世界のリーダーとしての安倍首相の評価を高めたと思います。それはまた、信頼関係を重視するトランプ新大統領に対しても、良い印象を与えたことは間違いありません。

選挙期間中の日米同盟に関する不用意な発言のために、日本の国内ではトランプの対日観に疑問が巻き起こりました。トランプ大統領は、日米安保条約の意義に理解を深めているとは思いますが、日米同盟の意義を理解したからと言って対日要求がなくなるわけではないでしょう。外国のためにアメリカが一方的に血を流すことはしないという姿勢を明確にしているわけですから、日本としては実際面での駐留経費の負担問題や武器購入などの日米軍事協力の強化について、今から準備しておく必要があるでしょう。

たとえば、いわゆる思いやり予算の増額を求められれば日本の負担増になりますが、カネで日本の安全保障のために必要な米軍駐留を確保解決できるのであれば、受け入れるべきでしょう。

現在の思いやり予算は、米軍の住宅建設や光熱水道費の負担、基地で働く日本人の給料などに充当する予算とされ、年間で1800億円ほど。これに、基地周辺対策費・施設の借料や米軍再編関係費など、その他もろもろ含めると日本側が負担する経費は6000億円程度といわれていますが、トランプは人件費まで含めて駐留費用を全額支払えと言っています。

もしそうなると、アメリカ人の税金が投入されず、日本人が納めた税金で在日米軍が運用されることになり、極論ではありますが、在日米軍を雇用しているのは日本国ということになってしまいます。

ですから、全額負担はあり得ないといえますが、思いやり予算を増額するということは、それだけ在日米軍は日本の安全保障にコミットせざるを得なくなるということでもあり、在日米軍の〝傭兵化〟が進むのです。予算増額という条件を呑む以上、日本は、金を出すけど口も出すという姿勢に転換すべきです。これも日本の自立の1つです。

「350隻計画」に顕れた海軍力増強

少なくとも、短期的に見て、在日米軍の全面撤退はありえません。沖縄基地もそうですが、空母が寄港し、給油できるという意味で極めて重要な横須賀基地などは、トランプが海洋国家に回帰し、海軍を増強すると言っている以上、撤退することはないでしょう。

アメリカは海洋国家であり、中国が太平洋の覇権に挑戦するというのなら、遠慮なく叩くとトランプ政権は言っているも同然ですから、みすみすそんな重要な基地を手放すはずがないのです。

選挙戦のなかで「偉大なアメリカの復活」を掲げてきたトランプは、「350隻海軍」を構築する構想を発表しています。

アメリカでは冷戦のさなかにあった1980年代に、レーガン大統領が「600隻海軍」構想を推進し、ソ連の海洋戦略に対抗しましたが、冷戦が終結して以降、海軍の規模は縮小の一途を辿《たど》ってきました。しかし、今は中国の膨張主義、覇権主義が露骨なので、トランプは中国の野望を打ち砕くために、この「350隻海軍」構想をぶち上げたのです。

350隻海軍を実現するには、原潜や航空母艦、巡洋艦、駆逐艦などの戦闘艦を、現在の約276隻から約1・3倍の規模にする必要があります。

74隻もの軍艦を新たに建造するためには、大幅な国防予算の増額が必要なのは言うまでもありませんが、それだけではなく、海外の米軍基地を縮小しながら、同時に基地の運営費用についても同盟国に負担を求めることで、建造費用を捻出しようとしているわけです。

「世界の警察をやめる」「海外基地を縮小する」といった発言から、アメリカは軍事的に弱体化すると考えている人が多いようですが、現実は逆です。海外の紛争に介入するのをやめるのと同時に、海洋国家として復権を果たして世界の海の覇権を強固にし、世界秩序に挑戦しようとしている中国を封じ込めようとしているのです。

世界は非対称戦争の時代になったといわれますが、海外の紛争に介入しなければテロのリスクは大幅に下がります。また、中国という国は戦後70年経っても帝国主義を捨てようとしない国で、台湾や南沙諸島、西沙諸島、尖閣諸島に軍事侵略し、そこから太平洋の覇権を握ろうと企てています。中国リスクとは、いわば〝古典的なリスク〟であり、その野望を挫《くじ》くために古典的な対応をするということです。

トランプは、大統領に就任したら1日目から350隻海軍の計画を発動させると宣言しましたが、本当にやる気があるのかどうかを判断するには、国防長官に並んで、海軍長官に誰をもってくるかに注目すべきと私は考えていました。

選挙戦の間からトランプ陣営の軍事政策顧問にはランディ・フォーブス下院議員が名を連ねていました。彼は下院軍事委員会の委員長や海軍遠征軍小委員会の委員長を歴任した海軍政策のエキスパートです。議会で中国の軍事動向を調査・研究する「中国議員連盟」の会長を務めたこともあり、2013年2月26日に議会内で開かれた中国人民解放軍の実態に関する研究会では、「尖閣諸島問題で日本を支持することが最大の対中抑止になる」と発言しています。

日本から見れば、非常に頼もしい人物ですが、実は「350隻海軍」構想を提言していたのは、このフォーブス議員でした。彼の構想をトランプは強く支持しているということです。

つまり、フォーブス議員をそのまま海軍長官に起用すれば、トランプは本気だということがわかるのですが、実際にその通りになりました。

日本が迫られる「対米支出増」か「防衛力強化」の選択

トランプが本気だということは、構想を実現するために日本に対しても在日米軍基地の負担増を強く求めてくるということです。中国封じ込めのために、同盟国の責任として、日本の防衛費の増額も求めてくるでしょう。

中長期的には、いずれ米軍は日本から撤退する可能性があることを視野に入れて、日本の国防をどう確保してゆくかについての国民的議論を今から始める必要があるでしょう。そのためには、安全保障問題に関する与野党間の議論を現実的なレベルに高める必要があります。このような作業は必然的に憲法9条改正に行き着きます。ところが、野党や左翼系知識人らの安全保障論は、一言で言えば、日本はアメリカのジュニアパートナーであり続けることが望ましいとする、植民地的心情に基づくものです。さらに言えば、侵略されれば白旗を挙げて降参すれば自衛隊員も犠牲にならなくてよいとの論法は、事実上中国の「戦わずして勝つ」戦法のエージェントを演じていることになるのです。この人たちは一旦侵略されてしまえば、自衛隊は中国軍の最前線に送られ、新疆ウイグル地区での反乱分子弾圧などに使役されることを想像したことがあるのでしょうか。自衛隊員だけでなく、日本人男子が中国人民解放軍に連行されることも想定すべきでしょう。これは脅しではなく、歴史を見ればすぐわかることなのです。安全保障問題は戦争の好き嫌いで議論するものではありません。歴史の現実から逃避していると、好き嫌いといった言語空間内の発想しかできなくなってしまうことに、もう国民は気づくべきでしょう。

沖縄の甘え

言うまでもありませんが、在日米軍が即時全面撤退するなど決してありえません。このようなことを取り上げるメディアは最初から偏向していると言わざるを得ません。マティス国防長官は海兵隊大将でしたので、沖縄米軍海兵隊の意義は十分わかっています。ただ、中長期的に考えれば、アメリカ軍が次第に撤退していくことは十分想定しておく必要があります。事実、既に米軍の再編による沖縄基地の縮小は始まっています。たとえば、沖縄県国頭郡にある北部訓練場の約半分に当たる40平方キロメートルが２０１６年12月に返還されました。ところが、この基地返還すら騒動になっているのです。

返還地にあったヘリパッドのかわりに、基地として残った側にある高江に新たに建設しています。ところが、沖縄基地反対運動を行っている左翼活動家らは、このヘリパッド建設の妨害活動を繰り広げているのです。翁長雄志《おながたけし》沖縄県知事は北部訓練場返還式典に参加せずに、反基地活動を激励する有様です。これら左翼活動家は地元住民の生活道路を不法に閉鎖するなど、住民の日常生活を脅かすまでにエスカレートしていますが、沖縄メディアは一切報じないため住民の声が無視されている現状です。

いまさら、これら職業活動家たちの倫理観を問い詰めても始まりませんが、不法活動の規制に入った機動隊に対して、暴言どころか暴力を振るうプロ革命家気取りの連中がいます。また、そんな彼らを擁護するメディアもあること自体、メディアを含めた日本の左翼勢力の劣化が深刻なことを示して余りあると言えるでしょう。

沖縄の地元紙などを読むと、沖縄県民は基地反対一色のような印象を受けてしまいますが、現実はもっと複雑です。既によく言われていることですが、もし基地がなくなれば、米軍に土地を貸している地主は収入を失いますし、基地で働いている日本人は失職します。基地に食糧などの物資を納入している業者も、売り上げがなくなってしまいます。米兵らが基地の外で飲食や娯楽、買い物などでお金を落とすこともなくなります。

辺野古基地の建設には1兆円もの額が投入され、地元の土建業者が潤います。それ以上に大きいのは、毎年政府予算から沖縄県に支給される約3000億円もの交付金です。いわゆる摑《つか》み金で、使途が限定されていないのです。県民一人当たりの交付金としては全国一です。ただ米軍基地があると言うだけでこれだけの使い切れないほどのお金が黙っていても入ってくるわけですから、他の赤字に苦しんでいる県から見れば、うらやましい気持ちが起こっても不思議ではありません。

沖縄に言わせれば、基地に苦しんでいるのだから当然だという反論になりがちですが、問題は政府の支援を当然だと見做しそれに甘えてしまうと、結局自立できなくなってしまうことです。トランプの日本に対するメッセージのキーワードは、自立です。アメリカの軍事的庇護から自立するには、国民全体が精神的に自立心を持つことが前提になります。沖縄県民も決して例外ではありません。米軍基地反対を唱えるだけでは自立できません。沖縄は日本の安全保障政策の犠牲者だと訴えることは、なおさら自立心から遠ざかるだけです。発展途上国に対する経済援助が、往々にして当該国民の自立心をむしばむ結果となっていることは、つとに指摘されているところです。沖縄県民と途上国の人々を同列に論じているわけでは決してありませんが、似た心理状態には落とし穴があることは認識する必要があるでしょう。誤解を恐れずに言えば、プロ市民の反基地闘争に安住していれば、沖縄県政も沖縄県民も精神的自立ができないことに気づいてほしいと思います。今年はトランプ大統領の登場の結果、いよいよこの選択を迫られていると思えてなりません。

もっとも、米軍基地が沖縄県民に様々な被害を与えてきたことも考慮されなければなりません。これらの被害を軽減するため政府は一層努力する必要がありますが、沖縄振興策を計画実践するのは沖縄県の仕事です。これが知事の本来の仕事であって、反基地闘争の前面に立つことではありません。翁長知事はトランプ政権に対して、政府を介さずに直接基地負担軽減を訴えるとしていますが、言うまでもなく基地問題は国家の安全保障の問題です。安全保障の権限を有しない知事が県民向けのパーフォーマンスとして行っているにすぎず、この行為こそ県民の感情に阿《おもね》る大衆迎合主義そのものです。トランプの主張を大衆迎合主義だと誹謗中傷するメディアが、沖縄県知事のパーフォーマンスを大衆迎合主義だと批判した報道は見たことがありません。

日本国内の米軍基地返還を進めるのであれば、私は何よりも東京の多摩地区にある横田基地を最優先にしてほしいと思います。ここは非常に優れた飛行場で、返還されれば成田空港の存在が宙に浮いてしまいますが、横田空港と羽田空港があれば利便性が格段に上がるでしょう。

現状では、アメリカの軍人は横田基地に到着すれば、通関を経ずに自由に日本に入国できるのです。アメリカの政治家も横田基地から入ってきます。今まではそういう勝手が許されてきたのです。だから、トランプに対しては、米軍撤退を進めるのなら、まず横田基地を返還してくれと訴えるべきです。

アメリカＴＰＰ離脱という朗報

トランプが日本に対して衝撃を与えたもう１つの公約が「ＴＰＰ離脱」です。

トランプは選挙戦中から「ＴＰＰは雇用を奪う」として加盟に反対し、現に、ＴＰＰ離脱の大統領令に署名しました。

ＴＰＰ協定では、「署名から2年以内に、参加12か国すべてが議会の承認など国内手続きを終えれば発効する。2年以内に手続きを終えることができなかった場合は、12か国合わせたGDPの85％以上を占める、少なくとも6か国が手続きを終えれば60日後に協定が発効する」という取り決めがされています。12か国のGDPの合計で、アメリカのGDPが占める割合は約6割なので、アメリカが参加しない限り、TPPは発効しないのです。

つまり、TPPは事実上終了しました。

米議会では、次期大統領が反対していることを受けて、TPP承認の採決を見送っていました。

ところが、日本においては、トランプの大統領選勝利が確定した直後の2016年11月10日、衆議院でTPP承認案・関連法案が賛成多数で可決し、12月9日に参議院でも可決されました。さらに、安倍首相はトランプとの電撃会談を終えた後の11月19日に、ペルーの首都リマで開かれたTPP参加国の首脳会議で、「厳しい状況だからこそ、TPPに強いコミットメントを示す必要がある」「我々が国内手続きをやめればTPPは完全に死に、保護主義を抑えられなくなる」と訴えていました。

トランプはTPPに参加しないことにしましたが、NAFTAも再交渉すると言明して、早くも交渉を開始しつつあります。トランプの基本姿勢は、アメリカ国民の利益となるように既存の貿易協定を見直すと言っているわけですから、新たな形でのTPP交渉か、あるいは2国間での貿易交渉を要求してくる可能性があります。とするなら、日本としては現行のTPPへの翻意を促すのではなく、むしろ日米自由貿易協定（FTA）実現へとかじを切る方が適切でしょう。あらためてTPP交渉を開始しても各国の利害対立が顕在化するだけで、長期の交渉期間を必要とするからです。

そもそも、トランプは多角的な貿易交渉に懐疑的です。NAFTAにしても、メキシコとアメリカ、アメリカとカナダの利害は簡単には一致しないからです。むしろ、2国間の方が利害関係のディールがやりやすいと考えているのでしょう。日本としても、多国間協定よりも2国間協定の方が有利に進め得ると思います。ちなみにTPPは政府やメディアが強調するような自由貿易協定では決してありません。2013年の年頭教書演説においてオバマ大統領は、TPPは自由貿易協定であるとは一切言及せず、アジアの新興国にアメリカのビジネスルールを適用するものだと明言していたのです。要するに、アメリカのグローバル市場化戦略の一環であったわけです。

トランプ政権との貿易交渉では、アメリカ人の雇用をどう守るかが最大の焦点になるでしょう。しかし、トランプが就任演説で認めたように、日本は日本人の雇用をどう守るかという「日本ファースト」の基礎に立って交渉する原則を忘れてはなりません。トランプもそのような日本の姿勢を歓迎しているのです。

ということは、日本政府はアメリカとの貿易交渉に際して、従来のTPP交渉の対処方針を根本的にあらためる必要があることを意味しています。そこで、以下、TPPへの間違った日本の態度を検証します。

第1の間違いは、農業問題に対する姿勢です。

私は、農水省も外務省も戦略を間違えたと思っているのは、TPPの対象に農業も入れてしまったことです。アメリカでもEUでも農業については手厚く保護をしています。日本の場合は、農家に対して補助金を直接渡すような馬鹿げたやり方をしているので目立ってしまい、やり玉に挙げられているわけですが、アメリカやEUの場合は表から見えづらいところで、巧妙に保護をしているのです。

なぜ農業を保護するのかというと、当たり前の話ですが、食糧の安全保障のためであり、国民の健康のためです。我々が食べるものは日本の国土でつくり、余ったら輸出するというのがあくまで基本ですが、日本の食糧自給率は4割程度に過ぎないのに、自動車や家電などの工業製品の輸出を増やすため、さらにそれを下げようとしているわけです。

TPP推進派の人々は、日本の農業の生産性を高め、付加価値の高い農業商品を生産し、輸出して儲ければいいと主張していますが、それではもう、植民地と同じです。

自分の国の国民が肉を食べずに、その肉を外国に輸出して外貨を稼ぐというのは、植民地がやることです。中国はTPPには入っていませんが、冗談半分で言えば、新潟の魚沼産コシヒカリは全部輸出されて、中国の富裕層が食べ、日本人は中国から輸入された安くて農薬まみれの米を食べるようなものです。

アメリカやオーストラリアのように広大な土地があって食糧が余っている国ならば別ですが、日本の場合は農業を自由貿易の対象にしてはいけないのです。農業は堂々と保護していいし、保護しなければダメです。

狙われていた日本国民の預金と皆保険

農業の場合は、日本のメディアでもまだ議論されているほうですが、これが医療や金融、教育などの問題になると、ほとんど報じられておらず、国会審議でも議題として上ってきません。農業問題が目くらましに使われているのです。医療、金融、教育は、従来のアメリカ・エスタブリッシュメントのグローバル市場化戦略を知って、私たちが自衛する上で極めて重要な教訓を与えてくれています。グローバル市場化とは、いわば経済版の「ウエストファリア体制」を破壊するものです。つまり、各国政府が国民経済に責任を持つ権限（経世済民）を奪って、アメリカの多国籍企業に他国の市場で自由に活動させるという目的を持つものです。

医療でも、政府は国民皆保険制度は守られたと言っていますが、実際は崩壊する危険性が高いと言わざるを得ません。

今後、混合診療や自由診療の分野、患者申出療養制度の自由診療の分野などが、大きくなっていきます。すでに金持ちしか先端医療を受けられないという状態になりつつありますが、病院が利潤を追求する株式会社化され、自由診療のほうが儲かるとなれば、そちらがどんどん拡大して、健康保険が適用される基本の医療は形骸化していくでしょう。

政府は、薬の価格を決めるプロセスに変更はないので、国民皆保険制度は大丈夫だと言うのですが、TPP協定の第26章「透明性及び腐敗行為の防止」の附属書では、各国の薬の価格を決めるプロセスにおいて「透明で公正」な手続きを行うよう求めています。アメリカの製薬メーカーが「透明性」を楯に、薬価に口出しできるようになるのです。

教育に関しても、株式会社が学校経営に参入できるようになるとのことですが、実は小泉純一郎政権下の構造改革特区において実験済みです。このとき設立された学校の大半が通信制で、教育の質の低さが問題視され、高卒資格を売りさばいて儲けるような構造になっています。三重県伊賀市のウィッツ青山学園高校もその1つといえば、実態を理解できるのではないでしょうか。

医療や教育という、本来、公的なサービスで行なうべき分野に市場の原理を導入し、外資の参入を受け入れようというのがTPPであり、そもそも無理があるのです。

金融も本丸の1つと言えます。ウォールストリートが一番狙っているのは、郵貯や保険などです。今、農協改革と称してＪＡに揺さぶりがかけられていますが、これはＪＡバンクが狙われているということです。

ＪＡバンクが農協の正組合員と准組合員から預かっている貯金残高は96兆円（２０１６年3月末）にも達し、メガバンクと肩を並べる規模です。アメリカ商工会議所は、ＪＡバンクやＪＡ共済が日本独自の規制に守られていることを批判し、外国企業からすれば「排他的」で「不平等」であると主張しています。

すなわち、ＪＡを解体し、ＪＡバンクとＪＡ共済を分離し、規制を撤廃して株式会社化し、他の金融機関と同じ形態にしたうえで、外資系金融資本がこの市場を奪っていくということです。農家の人々がせっせと貯めたお金を横取りして、危ない投資に回していこうとしているのです。

また、医療制度についても、混合診療や自由診療が増え、市場が巨大化していけば、その医療費を賄うための医療保険の分野に外資系保険会社が続々と参入してきます。外資の巨大保険会社に40兆円の市場を明け渡したことになりかねないのです。

ＴＰＰというのは、アメリカ外資が日本の市場に自由に入ってきて牛耳れるようにするためのものです。日本人を騙して呑ませるためについた嘘が「自由貿易協定」という建前です。

ＴＰＰは自由貿易協定ではなくて、いみじくもオバマが年頭教書演説で述べたように「アメリカのビジネスルールをアジアに適用する」というものです。そのうえで、ブロック経済で囲い込んで保護貿易をするということです。保護貿易という言い方は誤解を招きかねないので、ここでは「ブロック協定」としておきます。ですから、ＴＰＰの参加国で１つの経済ブロックを作り、そこにアメリカのビジネスルールを適用させるので、アメリカの多国籍企業が儲かるというしくみです。

別にＴＰＰに限らず、すべての地域経済協定は同じで、ＮＡＦＴＡだって、アメリカ、カナダ、メキシコの３か国でブロック協定を結んでいるのです。

ですから、政府や役人はもちろん、メディアもひと言も触れませんが、表向きは自由貿易と言いながら、実際にやっていることは保護貿易なのです。

ＴＰＰで成長などあり得ない

安倍首相はＴＰＰを経済成長戦略と位置づけているようですが、ＴＰＰで成長などあり得ません。

たとえば、日本からアメリカに輸出している自動車にかけられている関税は２・５％ですが、それを25年もかけて撤廃すると言っているのです。単純計算で、年０・１％ずつにしかなりません。

日本の輸出総額は75兆６０００億円（２０１５年）で、自動車の占める割合は15・９％で、約12兆円です。そのうちアメリカ向けは36・４％なので、金額にすると４兆４０００億円。それにかかる関税が０・１％下がると、増える利益は44億円、25年後に撤廃される２・５％で計算しても１１００億円です。

いろいろゲタを履かせて、過大に見積もって、輸出全体で計算したとしても、総額で１兆円にも届かないでしょう。こんな額など、ちょっとした為替変動で一瞬にして吹っ飛んでしまいます。これでどうやって成長すればいいのでしょうか。そもそも輸出主導の経済成長の時代はとっくの昔に終わっているのです。2015年の輸出総額がGDPに占める割合は15%に過ぎません。日本は内需主導型の経済構造であり、経済成長を図るなら輸出ではなく内需の拡大にあることは自明です。にもかかわらず、輸出で経済成長を図るといったTPP擁護論の間違いはあらためて指摘するまでもありません。

たかだかこんなレベルの利益とのバーターで、失うものはあまりに大きすぎます。日本の農業が崩壊し、国民皆保険も破綻し、金融を外資に乗っ取られるとしたら、馬鹿げているとしか言いようがありません。

自民党の中でもグローバリストがいて、その背後にウォールストリートがいますから、安倍首相でも抵抗できないこともあるのかもしれません。少なくともTPP推進は保守本流の人々が考えることではありません。

安倍首相には、TPPから日米2国間の貿易協定への方針転換の決断を願うばかりです。

北方領土返還と日米安保体制

オバマからトランプに政権が移行して、今後、アメリカの外交政策が大幅に変わる可能性があることはこれまで述べてきました。

２０１７年は、ロシア革命から１００周年、昨年は日ソ共同宣言から60年という節目の年で、にわかに日露関係の改善も進みつつあります。

２０１６年12月15日にプーチン大統領が来日して日露首脳会談が開かれました。プレス向けに公表された会談内容は、「択捉《えとろふ》、国後《くなしり》、色丹《しこたん》、歯舞《はぼまい》４島における特別の制度の下での日露共同経済活動」と「元島民の４島への自由訪問の実施へ向け交渉を開始する」の２点でした。

いくつかの日本のメディアは、経済協力だけ約束させられて北方領土返還に進展がなく、安倍首相の完敗、プーチンの圧勝に終わったと報じています。

本当にそうでしょうか。

相変わらず日本のメディアは外交の本質をまったく理解していません。この会談で注目すべきは「95分間にもわたって２人きりで膝をつき合わせて会談をした」という事実です。95分というのは、サッカー１試合分＋ロスタイムにも匹敵する時間で、首脳会談としては異例の長さです。

共同経済活動と元島民の自由訪問の2点だけを話し合うのに、これほどの時間を要するはずがありません。北方領土問題の解決に向けて、かなり突っ込んだ話し合いが行なわれたと見るべきです。現時点では、まだ具体的な中身を公表できないだけです。

北方領土返還の形として、日本側が理想とするのは、歯舞、色丹は平和条約締結と同時に返還され、残りの2島については日本の主権は認めるが、すぐには返還できないので、何十年かはロシアが施政権を行使するという沖縄方式です。その施政権を行使している間に、日本は全力を挙げて、医療や都市整備、エネルギーなど8項目の経済協力プランで、ロシアの近代産業化を支援するというものです。

もちろん、これはあくまで理想であって、そう簡単にいくとは思えません。

極論すれば、残りの2島が返ってくるのは、両国で共同経済活動をするというのが前提ですが、50年先、100年先であってもかまわないと私は思っています。香港だって、99年後にイギリスから中国に返還されたのです。

これまでは、日本側が「平和条約締結を、北方領土返還の交渉を」と言い出せば、ロシア側は「北方領土問題など存在しない」と、交渉テーブルの席にさえつかなかったのです。

いつも入り口で止まってしまい、戦後70年の間、一歩も前に進めませんでした。

日本からすれば、「不当に奪った土地を返してもらうのは当然で、バーターで日本から何か提供する必要はない」というのが正論になりますが、その姿勢を頑《かたくな》に守り続けていれば、永遠に北方領土は戻ってきません。

それが今回は、両国の立場を害しない範囲で、北方４島で共同経済活動をするための制度をつくるということで、初めて前に進んだわけです。これは外交交渉において、極めて重要な第一歩と言えます。

実際は、プーチン大統領と安倍首相の２人の間でだけ話が進んでいるので、外務当局者にとっては厳しい状況ですが、とりあえず、面と向き合って協議する具体的な案件ができたということです。１つの同じ目的で協議する土台ができたのです。これが進むと、従来の原則論を超えて、新たな議論が始まる可能性があります。

日本のメディアの間では、「経済協力だけさせられて、結局、北方領土はまったく返ってこないのではないか」「プーチンに食い逃げされるのがオチだ」といった不信感が渦巻いていますが、面白いことに、逆にロシアの側でも「北方領土を返したら、日本は経済協力などしないだろう」という食い逃げ論が出ています。ロシア国民からすれば、領土を返せば、「日本にやられた」と映るわけで、手放しで信用できないのはお互い様なのです。

プーチンは2018年に大統領選挙を控えているので、あまり返還交渉を進めて公表されて、国民に「外交で日本に負けている」という印象をもたれてしまうのは得策ではないのです。実際に交渉が進展するのは、次の大統領選が終わったあとになるでしょう。

ですから、日本としては成果が出るまでに何年かかかるでしょうが、8項目の経済協力プランを実施して、まずはプーチンに花をもたせ、ロシア側を安心させるほかありません。

安倍首相は、プーチンから「私を信用してほしい」と言われたことを会見で明かしましたが、外交においてこの言葉を引き出したのは、極めて大きな意味があります。かつて鳩山由紀夫首相はオバマに辺野古への基地移設決着について、うかつにも「トラスト・ミー」と発言し、結局それを実現できず、オバマはもちろん、日本国民も激怒させましたが、そう簡単には言えない言葉なのです。

プーチンが期待する日本の支援

日本による経済協力によって、ロシアが天然ガスや原油などエネルギー資源の輸出に頼った国から、ハイテク産業国に転換することになれば、それはロシアの安全保障を強化することになります。愛国者のプーチンは、現在のような、原油価格が下落すると一気に停滞してしまうような脆弱《ぜいじゃく》な経済体質から脱却したいと考えています。メイド・イン・ロシアの製品が世界中で売れるようになり、原油価格に左右されない強靭《きょうじん》な経済に転換できれば、ロシアは真の意味で大国になれます。

ロシアにとっては、北方領土という辺境の島々にこだわっていてもメリットは何もなく、日本からの経済協力で本当の大国を目指したほうがプラスであるということをロシア国民に理解してもらうように伝えていく必要があるでしょう。

北方領土において、両国の共同経済活動ができるようになれば、何より島民が喜びます。日本の技術を持ち込んで、食品加工や缶詰の工場などを建設し、タラバガニやサケ、マスなどの製品を日本に輸出できるようにすれば、島民も潤います。

ただ、ロシアが大国化することに、アメリカのネオコンが警戒することは間違いありません。

プーチンの訪日に前後して、米情報機関のＣＩＡはロシアのハッカー疑惑に関する情報をメディアに流しています。大統領選の過程で、ヒラリー陣営のメールがハッキングされ、ウィキリークスが暴露してきましたが、その背後にはロシアの関与があるというわけです。

これは完全にプーチンの訪日に合わせて流していて、信用ならない人間だと印象づけようとしているのです。

この疑惑についてオバマは、米国で活動するロシアの外交官35人に国外追放を命じるなどの広範な制裁措置を取りました。ロシアに友好的な立場を示しているトランプ政権の発足を前に放ったオバマの最後っ屁と言えます。もっとも、プーチンは、「対抗措置を取る権利を留保する。トランプ次期政権の政策を元に、今後の露米関係の修復について決める」との声明を発表しました。オバマを無視したのです。冷静な対応だと思います。

実際にロシアがハッキングしていたとトランプも認めましたが、そもそもハッキングなどをやっていたとしても、まったく不思議ではありません。というより、アメリカもロシアも相互に諜報機関が情報収集をしています。それどころか、アメリカはこれまで世界中の国々で選挙に干渉し、場合によっては謀略によって政府を転覆させることまでやってきました。お互い様なのです。

妨害工作はもう１つありました。ＥＵがウクライナ危機に関連したロシアに対する経済制裁を半年間、延長するという決定を下しています。これも２０１６年12月15日で、明らかにプーチンの訪日に合わせています。

ですから、日露の経済協力については、ネオコン、ウォールストリートからの妨害を防ぐ必要がありますが、ロシアでハイテク産業を興すことができれば、欧米資本に対するロシア側の猜疑心《さいぎしん》が和らぐことになり、国際金融資本も将来ロシアへ投資できるようになるのです。ウォールストリートにとっても大きな利益になるはずで、こういう認識を広めていく必要があるでしょう。

安倍首相が述べているように、北方領土問題は、日本とロシアだけの問題ではなく、世界平和というグローバルな視点から考えていくべきです。日本とロシアの関係強化が世界にとってもプラスになるということが、日本にとっての売りになるのです。

ロシアが安定的な経済大国になるということは、世界の欧米以外の国すべてにとっての発展モデルになります。結局、欧米以外の国はみな、欧米流の市場経済化と自分たちの伝統文化の相克に悩んでいるわけで、そのため紛争が生まれるのです。しかし、ロシアで成功すれば、新たなロールモデルになるはずです。

核の傘はロシアももっている

今のところ、プーチンとトランプは馬が合うとされて、米露関係の改善で両者は一致しています。しかし、問題はウクライナをどうするかで、ウクライナ危機を起こしたネオコンは、それを楯にして、米露の接近を妨害してくるでしょう。

ですから、日本としては米露がよりいい関係になる環境づくりを担うのです。それによって、世界における日本のプレゼンス（存在感）を上げることができます。

米露関係が改善されたら、ロシアが日露関係に関心を失って、北方領土問題も解決されないといわれていますが、決してそんなことはありません。むしろ日本にとってはやりやすくなります。ロシアにとって、天然資源依存から脱却してハイテク産業で経済大国になるということは、悲願といってもいいでしょう。プーチンは日本をそのための唯一無二のパートナーと見なしています。

ただ、北方領土の返還交渉で、最大の障害になるのが日米安保です。訪日中の記者会見で、プーチンは、北方領土へのアメリカ軍の展開を危惧しているという趣旨の発言をしています。おそらくこれは本音でしょう。日露両政府の平和条約締結交渉においても、引き渡し対象になった島を日米安保の適用対象外にするように、ロシア側が求めていると伝えられています。

冷戦時代であれば、即、米軍基地を置くということになるのでしょうが、もはやそんな時代ではありません。

日米安保条約は第5条で、適用地域を「日本国の施政の下にある領域」と定めているので、例外を認めるのは難しいと言われていますが、日米安保条約は1年ごとの更新で、アメリカと協議して条約を改正すればいいのです。そのためにも米露関係の改善が重要です。

少なくとも北方領土には、自衛隊も含めて軍隊を置かず、警察力のみを配備することを明確化します。もし必要ならロシア軍が駐留してもいいのです。沖縄と同じで、北方領土が日本の主権下にあることが確保されれば、日露安全保障条約を結び、ロシア軍基地を置くことすら可能だと思います。

そうなれば、日本には日米安保もあり、日露安保もあることになり、両大国と同盟を結んだ世界でもっとも安全な国になります。もう中国がどこからやってきても、手出しができなくなるのです。

前述した通り、今の自衛隊の体制ではとても中国軍に対応することはできません。核兵器を保有していないことが決定的な欠陥です。

これまで日本はアメリカの核の傘に入れてもらってきたわけですが、即時米軍撤退はないにせよ、将来的に基地の縮小へ向かうことは間違いありません。しかし、今や中国はアメリカ、ロシアに次ぐ核大国となっています。中国の恫喝《どうかつ》にひれ伏して軍門に降り、支配下に入るのは、どうあっても避けなければなりません。

まったく新しい国際情勢のパラダイムに適応するには、従来の国際的な枠組みにとらわれない柔軟な発想で、外交を展開していく必要があります。

極論ですが、ロシアの核でさえも、日本の防衛に利用するというくらいの発想があってもいいのではないかと思います。もちろん、アメリカが簡単に核の傘を放棄するとは考えられないので、そういう事態にはならないとは思いますが、今後、強固な日米関係、日露関係、米露関係を築くことによって、中国を封じ込め、世界に平和と安定をもたらすことが可能になるのです。

ロシアとソ連を一緒くたに考えてはいけない

読者のなかには、「ロシアをそこまで信用していいのか」という疑問を抱く方も多いと思います。

しかし、日本がロシアからひどい目に遭わされた歴史上の事件というのは、実際はロシアではなく、共産主義のソ連が主役でした。

日ソ中立条約を一方的に破棄して北方領土に侵攻し、満州で略奪・強姦の限りを尽くし、さらに日本軍捕虜をシベリアに抑留したのは、共産主義というイデオロギーをまとったソ連であって、ロシアではないのです。

戦火を交えた国とは友好関係を結べないのだとしたら、今の日米関係はどうとらえればいいのでしょうか。アメリカは広島、長崎に原爆を落とし、東京や大阪など大都市を絨毯《じゅうたん》爆撃で焼け野原にするなど、ソ連よりもよほどひどい行為をしています。一般の民間人を虐殺しているわけで、紛れもなく国際法違反の行為です。

そう考えれば、アメリカは信用するがロシアは信用しないという主張は、論理的に破綻しています。

そもそも国と国との外交では、相手がどこの国であっても、全面的に信用したりはしないものです。アメリカだって信用できるはずはなく、「信用できる・できない」というオール・オア・ナッシングではなく、すべての国がその中間のグラデーションのなかにあるのです。

その認識のうえで、現在の状況下、日本の国民にとって何がプラスであるかを立脚点とし、相手が何を欲していて、そのためならどこまで譲歩するか、逆に、こちら側はどこまで譲歩できるかを交渉で摺《す》り合わせていくのが外交です。

戦後70年間、北方領土の返還問題は、まったく進みませんでした。安倍首相が言うように、今までのやり方を続けていたら、永遠に解決できなかったでしょう。ロシアが信用できるようになるまで待つなどと言い出したら、いつまで経ってもそんな状況は生まれません。

ロシアという国は、いわゆる欧米的な民主主義国ではなく、独裁色の強い国です。なぜそうなったかというと、合理的な理由があります

イギリスの地政学者、ハルフォード・マッキンダーが「ハートランド（ロシアとウクライナ）を支配する者が世界を制する」と喝破したことはすでに述べましたが、それはロシアが歴史的に侵略の危機にさらされてきたことを物語っています。ナポレオン然り、ヒトラー然りです。従って、ロシアの関心は、常に国家の防衛にあります。国家の安全を担保してくれる強い指導者をロシア国民は望むのです。

それゆえに独裁的な指導者が誕生しやすいのですが、このような強い指導者と自らを同一視することで、ロシア人は生活の安全を実感するのです。

このようなロシア人の性格をソボールノスチ（集団性）といいます。この集団性こそロシアの伝統的政治体制を支える文化意識であり、スラブ主義と呼んでいるものです。ロシア人が、いわゆる欧米的な個人主義を基調とする民主主義に馴染めないのは、ロシア人の

根っこにこの集団性があるからで、日本人とも共通したところがあります。

ですから、これは単なる経済協力ではなくて、資源経済から脱却して、ロシアの安全保障につながる取引であることをロシア側に伝えるべきです。現実問題として、北方領土が今のままであっても、日本は特に損はしていませんが、ロシアは日本の協力を必要としています。辺境の島々に少量のミサイルを配備しておくのと、どちらがロシアにとって安全保障につながるかということです。

ロシアと組むことで中国を封じ込められる

北方領土問題が解決に向けて前進し始めると、日露両国の関係は強固になっていきます。その最大のメリットは、中国に対する抑止力になることです。地理的にも、日本とロシアが中国を挟み込む形になります。

〝歴史は繰り返す〟と言えるかもしれませんが、1978年に日中平和友好条約が締結されたとき、その背景には中ソ対立の激化がありました。当時の中国にとって最大の脅威はソ連であり、対抗するために日本を取り込もうとしたのです。

条約の条文で、中国側は「反覇権」条項を入れようとし、これは明確にソ連の覇権に反対することを意味しました。それに対して日本は、特定の第三国を対象とせず、世界のどこでも覇権には反対するという意味に中和させ、ソ連に対抗する条約ではないという体裁をとったのです。その翌年には、アメリカも中国との国交回復をしています。

現在の中国が、当時のソ連ほどの脅威になっているとは思えませんが、中国の見かけ上の膨張に対して、今度は日本とロシアが挟み込むのです。ですから、日露関係が改善され、より関係が強固になって一番困るのは中国です。

日本の左翼系メディアはおおむね親中派ですから、「プーチンは信用できない」「食い逃げされる」「北方領土を日米安保の例外にするのはおかしい」などと無意味な議論をして、水を差そうとしているのです。

プーチンは2016年12月の訪日の直前、記者会見で「ロシアは、中国との真の友好関係を築いた」と発言していますが、海外のメディアに対して本当は中国を警戒しているなどと言うわけがありません。露中関係というのはキツネとタヌキの化かし合いで、お互いにわかっていても表向きは別のことを言っているに過ぎません。

ロシアと中国が仲良くするなどあり得ないのですが、日本のメディアは実像をまったく知らず、首脳の言葉を鵜呑《うの》みにしているだけなので、「ロシアと中国が接近し、日本に対抗しようとしている」などと、ピント外れな報道をしてしまうのです。

中国というのは国家ではなく「市場」であり、中国人の多くは初めからグローバリストです。華僑がユダヤ人と似ているのは、彼らがグローバリストだからです。

グローバリズムの思想は極端なまでの個人主義を内包しているので、日本からすれば、中国よりロシアのほうがはるかに相性がいいと言えます。先入観を捨て去って、改めてロシアという国を見直すべきです。

プーチン大統領は、国内において、グローバル市場化に対して非常に慎重な姿勢を取りながら、ロシア人の福利厚生を改善する政策に取り組んでいて、いわばロシア愛国主義で〝ロシア・ファースト〟な施策をしています。

アメリカではトランプ大統領が誕生し、やはり〝アメリカ・ファースト〟で、かつての偉大な国だった時代のアメリカを取り戻し、世界の覇権に挑戦しようとする中国に対決姿勢を示しています。

日本はこうした国とならうまくやっていけるし、より関係を強化すべきです。

これまでグローバリストたちの間では、ロシアのプーチン大統領、日本の安倍首相、トルコのエルドアン大統領、インドのナレンドラ・モディ首相の4人は、〝ギャング・オブ・フォー〟と呼ばれてきました。グローバリズムに対抗するナショナリストとして目の敵《かたき》にされてきたのです。ここにトランプ大統領が加わり、〝ギャング・オブ・ファイブ〟と呼ばれることになるかもしれません。この〝ギャング・オブ・ファイブ〟が中国の野望を挫き、世界に平和と安定をもたらすものと信じています。

「新ウエストファリア体制」の構築に向けて

トランプ大統領が就任演説で述べたように、アメリカのみならず、すべての国が「自国ファースト」の政策を取れば、世界にはこれまでと違った新しい秩序が生まれることになるでしょう。「自国ファースト」主義は、近代の国家関係の原則を定めた1648年の「ウエストファリア体制」復帰を意味します。ウエストファリア体制とは、各国は他国の内政問題に干渉しないという原則です。

このウエストファリア体制による安全保障思想は、基本的には第1次世界大戦まで続きました。しかし、この大戦後に設立された国際連盟は、それまでの勢力均衡（パワー・ポリティクス）による平和方式に代わり、集団安全保障体制に移行したのです。これによって、他国の問題（紛争）は世界全体の問題になり、理論的には全ての加盟国が紛争に介入することが可能になったのです。トランプが目指すのは、現在の国連集団安全保障体制という国際干渉政策と決別し、各国の自立を基盤とする21世紀型のウエストファリア体制に転換しようとするものです。この構想が成功するか否かは、各国が自国民を保護する強い意志を持ち、実行できるかどうかにかかっていると言えるでしょう。

馬渕睦夫［まぶち・むつお］

１９４６年、京都府生まれ。京都大学法学部３年次在学中に外務公務員採用上級試験に合格し、同大中退。１９６８年に外務省入省。１９７１年、研修先のイギリス・ケンブリッジ大学経済学部卒業。２０００年、駐キューバ大使、２００５年、駐ウクライナ兼モルドバ大使を経て、２００８年11月、外務省退官。同月防衛大学校教授に就任し、２０１１年3月、定年退職。２０１４年４月より、吉備国際大学客員教授。主な著書に『世界を操る支配者の正体』（講談社）、『２０１７年世界最終戦争の正体』（宝島社）など多数。

編集：小川昭芳

アメリカ大統領を操る黒幕
トランプ失脚の条件

二〇一七年　二月二十日　初版第一刷発行

著者　馬渕睦夫
発行人　菅原朝也
発行所　株式会社小学館
〒一〇一－八〇〇一　東京都千代田区一ツ橋二ノ三ノ一
電話　編集：〇三－三二三〇－五一一七
販売：〇三－五二八一－三五五五

印刷・製本　中央精版印刷株式会社

Printed in Japan ISBN978-4-09-825291-6